최근 기후 위기의 심각성에 대한 인식이 광범위하게 퍼져 나가고 있다. 이에 발맞춰 생태 신학이나 기후 교회 등의 개념도 그리스도인들 사이에서 점점 더 많이 언급되기 시작했다. 하지만 이러한 주제를 다룬 많은 서적이 지나치게 진지하거나 난해하여, 신앙인들이 기후 위기 시대에 실제로 어떻게 살아야 할지를 안내하는 데 한계가 있었다. 그런 점에서 『기후 교회로 가는 길』이라는 작지만 속이 알찬 작품의 출간은 몹시 환영할 만하다. 이 책이 원래 일간지에 연재된 글을 수정·보완한 것인 만큼 시의적절한 논의들이 일반 독자들을 위한 문체와 난이도로 잘 조율되어 제시되고 있다. 더욱이 저자가 목회 현장에서 교우들과 기후 문제를 함께 공부하며 연재한 글을 바탕으로 한 만큼 다루는 주제는 현실적이고, 사용되는 자료는 적실하며, 글이 전개되는 방식은 실천 지향적이다. 본서의 백미는 각 장이 끝날 때마다 등장하는 '더 알아보기'와 '실천하기' 섹션이다. '더 알아보기'를 통해 독자는 주제를 심화하여 공부하는 길을 안내받고, '실천하기'를 통해 개인과 공동체가 오늘 바로 실천할 수 있는 현실적인 행동 지침을 얻게 된다. 길 떠나야 할 나그네의 봇짐에 이것저것 챙겨 주려는 인심 넉넉한 주인처럼, 잠시 책에 머물다 떠날 독자를 위해 읽을거리, 볼거리, 생각할거리를 풍부하게 담아내려는 저자의 후한 마음을 느끼게 하는 특별한 작품이다.

김진혁 | 햇불트리니티신학대학원대학교 조직신학 부교수

기후 위기가 인류를 위협한다는 사실은 누구나 한 번쯤 들어 봤지만, 그 위기가 기독교 신앙과 깊이 연관됨을 아는 사람은 많지 않다. 기후 위기에 대한 그리스도인의 책임을 강조하는 이 책의 저자는 기후 변화가 명백한 신앙의 문제라고 힘주어 말한다. 지구와 온 세계를 만든 창조주는 지구를 지킬 책임을 인간에게 주셨다. 하지만 자본주의 경제 체제 안에서 나의 욕망을 극대화하라는 유혹에 시달리는 그리스도인들은 어떻게 인간 중심적 신앙을 넘어 지구를 지켜 내는 책임 있는 신앙인이 될 수 있을까? 이 책은 기후 위기를 극복할 가장 큰 힘이 신앙에서 나온다는 점을 설득력 있게 논하며 교회가 함께 실천할 바를 하나하나 간결하게 안내해 준다.

우종학 | 서울대학교 물리천문학부 교수, 과학과신학의대화 대표

기후　　　　가는 길
교회로

기후 교회로 　　　　가는 길

우리에게 맡기신 하늘과 땅과 바다

정준식 지음

바람이불어오는곳

차례

프롤로그

이 책은 2023년 국민일보에 연재했던 글을 수정 보완하여
엮은 것이다. 하지만 애초에 글을 쓰게 된 계기는 신문사 연
재를 위한 것이 아니었다. 교회에서 교우들과 함께 '기후 변
화 프로젝트'라는 이름으로 공부했던 내용을 정리한 것이
다. 목회 현장에서 기후 변화 문제를 다루며 교우들과 공부
하기 시작한 게 2019년이었다. 성경 공부 시간에 기후 변화
문제를 공부하며 사용한 교재는 호주의 공공윤리학자 클라
이브 해밀턴(Clive Hamilton)이 쓴 『인류세』(*Defiant Earth*)라
는 책이었다. 지금도 크게 다르지 않지만 그때만 해도 우리
사회에서 '인류세'라는 용어를 아는 사람은 많지 않았다. 사
석에서 만난 한 친구와 기후 변화 문제에 대해 이야기를 나
누던 중 사람들이 '인류세'라고 하면 새로 나온 세금의 한 종

류로 인식한다는 이야기를 들었다. 지질 시대를 구분하는 용어로서 기후 변화의 위기를 강조하기 위해 제안된 이 단어는 여전히 낯설고 널리 알려지지 않은 것이다.

다행인지 불행인지 많은 이들이 코로나 팬데믹을 거치며 기후 변화 문제가 일상생활과 무관하지 않음을 알게 되었다. 최근 우리 교회 교우들이 내게 '진실'을 털어놓았거니와, 팬데믹이 터지기 전 교회에서 기후 변화 문제를 제기하며 책을 읽고 공부할 때는 왜 그래야 하는지 솔직히 이해가 안 되었다고 했다. 기후에 별다른 문제가 없어 보이는데 왜 기후 변화 문제를 공부해야 하는지 몰랐다는 것이다. 그런데 팬데믹을 통과한 지금은 그때 목사님이 기후 변화 문제를 그토록 중요하게 강조한 이유를 이해하게 되었다며 목사님이 마치 '예언자' 같다고 추켜올리는 것이었다. 우리는 유쾌하게 한바탕 웃었다.

대개 사람들은 기후 변화 문제가 왜 '문제'가 되는지 이해하지 못한다. 그도 그럴 것이 지구 역사를 돌아보면 기후 변화는 늘 있어 왔기 때문이다. 〈아이스 에이지〉 같은 애니메이션만 보더라도, 인류가 존재하기 전부터 또는 인류의 출현 이후에도 지구에는 늘 기후 변화가 있었음을 알 수 있다. 그러니 왜 이렇게 갑자기 기후 변화 문제를 가지고 호들갑을 떠는지 이해하지 못한다. 또 어떤 그리스도인들은 기후 변화를 두고 왜 인간이 왈가왈부하는지 이해하지 못한다. 기후 변화는 창조주 하나님이 알아서 하실 일이지 인간이 개입할 일이 아니지 않은가 하며 이해하지 못하겠다는 듯 어깨를 으쓱한다.

맞다. 기후 변화는 지구 역사에 늘 있어 왔다. 천지를 지으신 하나님이 그 모든 문제를 해결하실 것도 맞다. 그러나 현재 우리가 경험하고 있는 기후 변화는 이전 지구 역사에 존재했던 기후 변화와는 확연히 다르다. 이전의 기후 변화는 자연 발생적인 것이었다. 기후 변화에 인류가 끼친 영향이 전혀 없었다. 하지만 현재 우리가 경험하고 있는 기후 변화는 전적으로 인류의 탓이다. 인류의 탐욕이 불러온 재앙이다. 자연 발생적인 일이 아니라 인간 때문에 발생한 현상이다. 그래서 현재 우리가 사는 지질 시대를 '인류세'(人類世, Anthropocene)라고 부르는 것이다. 인류가 지구 환경 시스템에 지대한 영향을 미치고 있기 때문이다. 46억 년의 짧지 않은 지구 역사에서 이처럼 인류가 지구 환경에 영향을 준 적은 없었다. 기후 변화는 인류의 위기인데, 현재 인류가 직면한 위기는 '인류가 스스로 만들어 낸 위기'라는 뜻이다.

기후 변화 문제를 말할 때 반드시 언급되는 것 중 하나가 '탄소 배출'이다. 기후 변화를 멈추려면 탄소 배출을 줄여야 한다는 이야기를 우리는 귀가 따갑도록 들었다. 그런데 탄소 배출이 왜 기후 변화에 가장 큰 위협이 되는지 그 이유를 모르는 사람이 의외로 많다. 지구 온난화(지구 대기권의 온도가 올라가는 현상)는 지구상의 탄소량이 증가하여 나타나는 현상이다. 문제는 한번 배출된 탄소는 지구의 대기에서 사라지지 않는다는 데 있다. 대기에 배출된 탄소를 수집하는 기기를 만들고 지구 대기권 밖으로 이어진 굴뚝 같은 장치를 세워 우주 공간으로 탄소를 뽑아낼 수만 있다면 기후 변화 문제를 해결할 묘책이 될 수도 있겠지만, 안타깝게도 현재 인류에게는 그렇게 할 수 있는 기술이 없다. 산업혁명 이후 급격히 늘어난 탄소 배출 문제를 해결할 만한 마땅한 기술적인 대책이 없는 상황이다.

기후 문제를 공부하며 교우들과 함께 읽은 책 가운데 세계일보 윤지로 환경 전문기자가 쓴 『탄소로운 식탁』이 있다. 기자답게 발로 뛰며 취재하여 기후 변화 문제를 파헤친 역작이다. 복잡할 수 있는 기후 변화 이야기를 톡톡 튀는 문체로 아주 쉽게 풀어냈다. 이 책만 읽어도 탄소 배출이 왜 문제가 되는지 어렵지 않게 이해할 수 있다. 요점만 정리하면 이렇다. 탄소는 한번 배출되면 절대로 사라지지 않는다. 그러므로 대기 중의 탄소를 줄이는 유일한 방법은 탄소 배출을 줄이는 것뿐이다. 지구는 이런저런 방식으로 탄소가 대기 중에 배출되지 않도록 잡아두고 있다. 대표적으로 나무와 흙이 있는데, 잘 알려지지 않았지만 흙은 나무만큼이나 상당히 많은 양의 탄소를 붙들고 있다. 그런데 우리가 농사를 지으며 흙을 갈아엎을 때 흙 속에 있던 탄소가 대기 중으로 배출된다. 그래서 『탄소로운 식탁』에서는 흙을 갈아엎는 농법 말고 탄소 배출을 최소화하는 유기 농법을 대안으로 제시하기도 한다.

다시 정리해 보면, 우리가 기후 변화 문제에 관심을 가져야 하는 이유는 현재 인류가 경험하는 기후 변화는 자연적인 현상이 아니라 인류가 자초한 위기이기 때문이다. 무엇보다 인류의 '탄소 중독'(탄소를 배출해야만 삶을 영위할 수 있는 생활 구조)이 기후 변화를 일으켰기 때문이다. 즉 기후 변화 문제는 자연의 문제가 아니라 인간의 탐욕 문제이다. 그렇기 때문에 인류는 기후 변화 문제에 책임 있는 자세로 응답해야 하는 것이다.

그런데 그리스도인은 왜 기후 변화 문제에 더 큰 관심을 기울여야 하는가? 그리스도인은 왜 일반 교회를 넘어 '기후 교회'를 만드는 데 힘써야 하는가? 앞서 말했듯이, 기후 변화 문제가 인간의 탐욕 때문에 발생한 것이기 때문이다. 탐욕은 그리스도교 신학에서 가장 중요한 주제 중 하나이다. 성경의 첫 책 창세기는 인간의 탐욕을 다루는 데서부터 시작한다. 인간의 탐욕은 그리스도교에서 말하는 죄의 상태로 인간을 밀어 넣는 가장 위험한 죄악이다. 히포의 교부 아우구스티누스는 인간의 탐욕을 '원죄'라는 용어까지 써 가며 환기시켰고, 독일의 현대 신학자 판넨베르크는 우리가 세상에서 경험하는 악한 일의 대부분은 "자기중심성/자기 집중"이라는 교만의 죄 때문이라고 했다. 인간이 인간 자신에게 집중하여 벌어진 기후 변화 위기는 결국 그리스도교에서 그토록 경계하는 죄의 문제인 것이다. 그렇기 때문에 그리스도인은 그 누구보다 기후 변화 문제에 관심을 기울여야 한다. 이 시대의 근본적인 죄의 문제, 즉 기후 변화 문제에 대한 회개 없이는 하나님께서 인간에게 구원을 선물로 주시는 일은 없을지도 모른다는 위기 의식이 필요하다.

이와 더불어 그리스도인이 기후 변화 문제에 관심을 가져야 하는 이유는 그리스도교의 창조 신학 때문이다. 창조 신학에 따르면, 하나님은 인간에게 두 가지 방식으로 자신을 계시하신다. 하나는 성경을 통해서, 다른 하나는 자연을 통해서이다. 보통 그리스도교 신학에서 성경을 통한 계시를 특별 계시라 부르고, 자연을 통한 계시를 일반 계시라 부른다. 하나님은 성경을 통해서만 자신을 드러내시는 게 아니다. 하나님은 자연을 통해서도 자신을 드러내신다. 시편 기자는 여러 곳에서 자연에 깃든 하나님의 숨결을 찬양하고 있다(시편 104, 117, 148편). 중세의 대표적인 신학자 토마스 아퀴나스는 자연에 깃든 하나님의 은총을 발견하여 자연 신

학을 발전시켰고, 그의 자연 신학에 감동한 수많은 그리스
도교 신학자들은 하나님이 창조하신 자연 속에서 하나님의
손길을 발견하여 그것을 노래하고 신학적으로 정리했다. 그
리하여 그리스도교 전통은 성경과 더불어 "자연(지구)을 공
경하는 신학"(래리 라스무쎈)을 발전시켜 왔다.

　자연을 함부로 훼손하는 일은 근대 자본주의의 기획이
다. 인간의 이성을 절대화하기 시작한 근대는 그동안 그리
스도교가 정교하게 다듬어 왔던 자연 신학(창조 신학)을 무
너뜨리고 마치 인간이 자신의 이익을 위해 자연을 마음대로
훼손해도 아무런 문제가 되지 않는다는 그릇된 신화를 퍼뜨
렸다. 하나님이 아름답게 만드신 자연을 잘 보존하지 않고
마구 훼손하여 이익만을 얻으려는 태도는 하나님께 받은 축
복을 누리는 게 아니라 인간이 하나님을 떠나 벌이는 죄악
이다. 이러한 잘못된 신화를 바로잡기 위해 많은 신학자들
이 노력하고 있지만, 자본주의 소비 사회의 거센 물결을 이
겨 내기가 쉽지 않은 상황이다. 그러다가 결국 우리는 전 인
류적으로 지구의 역습을 맞닥뜨리게 되었다. 기후 위기를
초래하여 인간 스스로 멸망의 길로 들어서 버린 것이다. 이
것은 단순한 위기가 아니라 신앙의 위기이다. 기후 문제는
명백한 신앙의 문제이다. 그러므로 그리스도인은 그 누구보
다 기후 변화 문제에 관심을 갖지 않을 수 없다.

길지 않은 분량의 책이지만 진지하게 읽는다면 적지 않은 통찰을 얻을 수 있을 것이다. 이 책이 기후 변화 문제에 대한 모든 담론을 다루고 있지는 않다. 하지만 그리스도인이라면 반드시 생각해 보아야 할 문제들을 꼼꼼히 다뤘다. 기후 변화 문제를 먼저 거론한 이들은 과학자들이지만, 그 문제에 반응하고 논의를 진지하게 발전시킨 이들은 신학자들이다. 또한 새로운 밀레니엄에 들어서면서 인문학 영역에서도 기후 변화 문제를 '인문학적으로' 활발하게 사유하고 있는데, 시카고 대학교의 역사학 교수 디페시 차크라바르티(Dipesh Chakrabarty)가 선두 주자이다. 이처럼 과학계, 신학계, 인문학계가 기후 변화 위기를 막아 보고자, 그래서 인류에게 닥칠 불행을 미연에 방지하고자 안간힘을 쓰고 있다. 하지만 현실적으로 정치계와 경제계 쪽의 '회개' 없이는 기후 변화를 막기란 불가능하다는 것이 중론이다. 이런 현실에서 교회가 해야 할 일은 너무도 자명하다. 인간 개개인의 회개뿐만 아니라 현실 정치와 현실 경제에 회개('돌아섬')가 반영되도록 이끄는 것이다. 그것이 곧 '기후 교회'로 가는 길일 것이다. 우리의 현실을 돌아보면 기후 교회로 가는 길이 만만치 않다. 그러나 우리는 가야 한다. 지구를 아름답게 창조하신 주님께서 앞서가시며 우리를 이끌어 주시니 말이다. 우리 함께 그 길을 걸어가 보자.

1

—

우리가 처한 상황과
생태 영성

.

그리스도인들은 기후 담론을 회피할 수 없다

"기후 위기는 시간 싸움이다." 굉장히 무서운 표현입니다. 기후 위기로 인한 재난은 도둑같이 임합니다. 대기 중 탄소 비율이 증가하면서 산소의 비중이 줄어들고, 이는 바다의 산성화를 불러와 바다 생물을 죽게 만듭니다. 식수난과 식량난이 급속하게 닥쳐서 식량 폭동이 일어나고, 식량을 구하기 위해 전 세계는 전쟁에 휘말리게 됩니다. 지금은 세상이 태평한 것 같아도, 이러한 끔찍한 일이 도둑같이 임할 수 있습니다. 탄소 배출을 급속히 늦추지 않으면, 2040년 무렵부터 우리가 맞닥뜨리게 될 현실입니다(미국국가정보위원회

(NIC)의 2040년 '세계정세에 관한 보고서', 2021). 미국의 역사학자 린 화이트(Lynn White)는 다음과 같이 중요한 말을 남겼습니다. "우리가 새로운 종교를 발견하거나 우리의 옛 종교를 다시 생각해 보지 않는다면, 더 많은 과학과 더 많은 공학기술조차도 우리로 하여금 현재의 생태 위기를 벗어나게 하지 못한다"(『기후 교회』, 27쪽). 우리가 맞닥뜨린 절체절명의 위기를 극복할 힘이 종교로부터 나온다는 말입니다. 이것은 하버드 대학교 종교학과에서 오랜 세월 교수로 지낸 하비 콕스(Harvey Cox)가 한 말이기도 합니다. 종교는 무척 큰 힘을 가지고 있습니다. 다만 우리가 종교의 힘을 올바로 사용해야겠지만요.

짐 안탈 목사는 기후 위기 앞에서 그리스도교 신앙을 진지하게 성찰합니다. 그러면서 이렇게 말합니다. "만일 그리스도교가 공동의 구원을 무시하면서 개인적 구원만 강조하기를 계속한다면, 만일 우리가 하나님의 창조 질서로부터 아무리 멀리 소외되었어도 인류를 보호하고 특권을 주는 인간 중심적 투사(projection)로 창조주 하나님을 축소하기를 계속한다면, 종교의 실천은 점차로 감소하고 피조물들의 구원에는 별로 할 일이 없게 될 것이다"(『기후 교회』, 30쪽). 그리스도교는 영혼 구원에 대한 열망을 가지고 있지만 인간의 영혼이 깃든 몸의 구원을 배제하지 않습니다. 이것

기후 교회로 가는 길

은 우리가 고백하는 사도신경에도 분명하게 나오는 신앙입니다. "나는 몸이 다시 사는 것을 믿습니다." 인간의 몸이 살아가려면 지구라는 구체적인 물질 공간이 필요합니다. 인간은 자기의 영혼뿐만 아니라 그 영혼이 깃든 몸과 지구를 함께 돌봐야 하는 의무를 갖고 있습니다. 인간이 자기 영혼만 돌보고 인간 중심으로만 생각한다면, 인간의 구원은 매우 이기적인 구원이거나 아니면 반쪽 구원에 머물게 될 것입니다. 그렇다 보니 짐 안탈 목사가 지적하는 것처럼, 만일 이러한 인간 중심적이고 개인 중심적인 신앙 형태를 계속해서 고수한다면 그리스도인들이 기후 위기에 직면하여 할 수 있는 일은 거의 없을 것입니다.

실제로 우리는 그와 같은 이야기를 주변에서 종종 듣습니다. 기후 변화 프로젝트 모임에서도 나온 이야기입니다만, 일부 그리스도인들은 기후 변화에 대해 매우 부정적인 반응을 보입니다. 한마디로 그들은 기후 위기 자체를 믿지 않거나, 또는 기후 문제가 발생하더라도 지구를 창조하신 하나님이 인간의 개입이나 도움 없이도 기후 문제를 해결해 주실 것이라는 믿음(?)을 가지고 있습니다. 또 어떤 이들은 지구의 모든 자원은 하나님이 우리 인간에게 마음껏 쓰라고 주신 것이기 때문에 기후 변화 같은 것에 신경 쓸 것 없이 자유롭게 소비하는 것이 신앙인의 자세라고까지 말하기도 합니다. 이러한 태도는 교회가 기후 문제에 대처하는 일에 소극적이게 하거나 어려움을 안겨 주기도 합니다.

1760년대부터 시작된 산업 혁명의 여파로 불과 200년 만에 과거 수백만 년 동안 일정하게 유지되어 온 자연의 균형이 깨졌습니다. 그리하여 급기야 지구과학자들은 지질학적으로 현시대를 '인류세'라고 명명하기에 이르렀습니다. 인류가 지구 생태계와 대기 환경에 지대한 영향을 끼치고 있다는 뜻입니다. 일찍이 수십억 년에 달하는 지구의 역사에서 한 종(種, species)이 지구의 자연 환경에 이토록 큰 영향을 끼친 적은 없었습니다. 인류가 유일합니다. 그래서 우리 시대를 '인류세'라고 부르는 것입니다. 인류세(人類世, Anthropocene)는 인류가 지구의 지질이나 생태계에 미친 영향에 주목하여 제안된 지질 시대의 구분입니다. 지난 1만 년간 지구는 기후 변화가 거의 없고 온화한 '홀로세'(Holocene. 신생대 제4기의 마지막 시기로, 약 1만 년 전부터 현재까지를 지칭한다)를 살았습니다. 그러다가 산업 혁명 이후 인간의 영향으로 인한 기후 변화가 일어나게 되었고, 그러한 상황을 설명할 새로운 용어가 필요해졌습니다. 인류세는 '인간의 시대'라는 뜻의 단어로, '인류'를 뜻하는 'anthropos'에 시대를 뜻하는 '-cene'을 더해 만든 용어입니다. 미국의 생태학자 유진 F. 스토머(Eugene F. Stoermer)

가 1980년대에 처음 사용했다고 알려져 있으며, 네덜란드의 대기학자 파울 크뤼천(Paul J. Crutzen)이 보급하여 널리 사용되고 있습니다. 이제 인류는 더 이상 '홀로세'에 살지 않습니다. 인류는 '인류세'에 들어섰습니다. 인류가 위기 상황에 처해 있다는 뜻입니다.

탄소 배출이 온실 효과를 가져와 지구의 대기를 가열시킬 것이라는 사실을 인류가 처음 알게 된 것은 1850년에 존 틴들(John Tyndall)이라는 아일랜드의 물리학자가 자신의 연구를 발표하면서부터입니다. 1965년에 이르러서는 미국의 과학자들이 린든 존슨 당시 미국 대통령에게 대기권에 이산화탄소 농도가 증가하는 것에 대해 위험성을 경고한 기록이 있습니다. 그러다가 기후 위기에 대해 과학자들의 견해가 뚜렷이 나타나기 시작한 것은 1980년대부터입니다. 특히 1989년에 빌 맥키번(Bill McKibben)이 쓴 『자연의 종말』(*The End of Nature*)이라는 책을 통해 기후 변화가 대중적으로 알려지기 시작했습니다. 그 후로 전 세계의 수많은 과학자들이 기후 위기에 대해 여러 매체를 통해 경고했고, 이제는 일반인들까지 기후 변화를 피부로 느끼게 됐습니다.

기후 변화가 실제로 진행되고 있고 그로 인해 여러 가지 위기가 나타나고 있는 게 분명하므로 이 문제에 관심을 갖고 주의를 기울여야 하겠건만, 이를 가로막는 두 집단이 있습니다. 바로 정치계와 종교계입니다. 우리는 이미 2016년에 트럼프 대통령이 행한 파리기후변화협약 탈퇴 선언을 통해 기후 변화에 정치권이 어떻게 저항하는지를 목격했습니다. 그와 더불어 트럼프 대통령을 지지했던 미국 복음주의권 그리스도인들이 무턱대고 거기에 동조하는 것을 보기도 했습니다. 왜 정치권과 종교권을 중심으로 사람들은 명백한 기후 변화 문제를 부정하려 하고 기후 변화 담론을 회피하려는 것일까요? 이에 대해 영국의 환경운동가 조지 마샬(George Marshall)은 이러한 견해를 내놓았습니다. "사실의 핵심은 우리가 기후 변화가 일으키는 불안과 그것이 요구하는 깊은 변화를 회피하고 싶어 함으로 기후 변화를 받아들이지 않는다는 점이다"(『기후 교회』, 53쪽).

화석 연료 사용과 밀접한 기업들이 정치권에 로비를 해서 기후 변화를 부정하도록 하는 것은 어느 정도 이해가 됩니다. 정치인들의 이익이 달린 문제이고, 그들과 이권으로 엮인 기업의 존폐가 걸린 문제이니까요. 그러나 종교권에서 기후 변화 문제를 부정하는 것은 좀처럼 이해가 되지 않습니다. 이는 종교 외부의 현상이라기보다 종교 내부에서 비롯된 것인데, 그리스도교의 창조론과 구원론에 대한 큰 오해와 오류에서 비롯된 것이라 할 수 있습니다. 하나님의 창조와 구원을 지나치게 인간 중심적으로 생각하는 데서 오는 오해이자 오류인 것입니다.『기후 변화와 신학의 재구성』(*A New Climate for Theology*)을 집필한 샐리 맥페이그(Sallie McFague)를 비롯한 많은 생태신학자들이 이 점을 통렬하게 지적했습니다. 그리스도인으로서 우리는 바로 이 지점에 대해 다시 생각해 볼 필요가 있습니다. 만약 우리가 그리스도인으로서 기후 변화 문제를 부정하고 기후 변화 담론을 회피함으로써 기후 위기에 맞서 기후 정의를 실현할 의지나 행동을 전혀 보이지 않는다면, 우리는 그동안 그리스도교 신앙에 대해 뭔가를 오해하고 있었던 것인지도 모릅니다.

현재 우리는 사회정의 문제―기아, 노숙인, 인종 차별, 이민과 난민 문제, 문명의 충돌과 전쟁, 식수 부족 사태, 이스라엘과 팔레스타인 간의 긴장, 공중 보건 문제, 주택 문제, 경제적 불평등과 같은 불의―와 씨름하고 있습니다. 기후 변화가 이러한 문제들을 더 악화시킬 것이라는 데 전문가들은 의견을 같이하고 있습니다. 거기에 한 가지 덧붙이자면, "기후 변화로 이미 가장 고통 당하는 사람들은 그 변화를 일으키는 데 가장 적은 몫을 한 사람들이고, 그것을 다루기에 가장 적은 자원을 가진 사람들"이라는 사실이 우리를 당황스럽고 참담하게 합니다. 이러한 현상에 대해서는 일본의 학자 사이토 고헤이가 자신의 책『지속 불가능 자본주의』에서 자세히 다루고 있습니다. 특히 선진국에서 살아가는 사람들은 기후 변화 문제를 촉발하는 사회적, 경제적 요인들을 후진국에 전가시키고 있기 때문에 기후 변화 문제의 심각성을 좀체 느끼지 못한다고 합니다. 이것은 엄청난 아이러니입니다. 기후 변화의 원인을 가장 많이 제공한 당사자들이 자신의 잘못을 전혀 감지하지 못하고 있으니 말입니다. 피해자는 잠을 못 이루고 있는데, 가해자는 두 다리 뻗고 자고 있는 형국입니다. 미국이나 한국 같은 발전된 나라에 사는 그리스도인들이 기후 변화 문제에 둔감한 것은 이러한 역설적 상황을 반영합니다. 이러한 때에 그리스도인이 된다는 것은 생태적 감수성을 가진다는 뜻입니다. 생태적 감수성을 갖지 못하면 선진국에 사는 그리스도인들은 자신도 인식하지 못하는 사이에 기후 변화를 일으키는 데 가담하게 될 뿐만 아니라 무엇이 잘못되었는지도 모른 채 자신들의 잘못을 후진국에 전가하는 일에 동참하고 말 것입니다. 우리는 이미 그렇게 하고 있습니다. 우리는 이미 죄인입니다.

우리가 처한 현실을 정직한 양심과 신앙으로 바라보며, 기후 변화로 인해 촉발된 위기와 기후 변화로 인해 더 심화될 사회 문제와 갈등을 지혜롭게 해결하기 위해 '생태 영성'을 갖는 일은 인류세를 살아가는 그리스도인들에게 주어진 '하나님의 뜻'이라고 믿습니다.

더 알아보기

인류세 용어 이해하기

지질 시대는 '대-기-세-절'로 구분된다. 현재 우리는 '신생대 제4기 홀로세 메갈라야절'을 살고 있다. 홀로세는 1만 1700년 전 빙하기가 끝나고 따뜻한 시기가 도래하면서 문명이 발전한 시기이다. 인류세는 노벨 화학상을 수상한 네덜란드의 대기화학자 파울 크뤼천이 2000년대 초에 처음 제안한 개념으로, 온실 가스 농도의 급증과 질소 비료로 인한 토양 변화 등 인간 활동으로 인해 지구의 물리·화학적 시스템이 바뀐 현실을 지시하는 새로운 지질 시대를 지칭하는 표현이다. 인류세가 시작된 시점으로는 신석기 혁명, 유럽의 아메리카 침략, 산업 혁명 등 여러 주장이 있는데, 인류세 실무 그룹은 '대가속기'(Great Acceleration)가 시작된 1950년대로 보고 있다. 대가속기는 대량 생산과 대량 소비에 기반한 소비 자본주의가 확산한 시대이다. 1950년대부터 이산화탄소 농도 등 12개 지구 시스템 지표와 세계 인구 등 12개 사회·경제적 지표가 폭증했다(출처: 한겨레신문).

실천하기

EBS 다큐멘터리 〈인류세 3부작〉 시청하기
인류세 1부: 닭들의 행성, 2부: 플라스틱 화석, 3부: 안드레의 바다

지구를 1억 분의 1 크기로 줄이면 인도네시아 분긴 섬이 된다. 이 다큐멘터리는 섬 가운데 세계 최고 인구 밀도를 가진 인도네시아 분긴 섬에서 어린 물고기 사냥꾼의 성장 과정을 통해 인류세의 의미를 되짚어 본다.

2

—

파괴된 세계와
하나님의 사랑

인류 스스로 불러온 기후 재앙, 우리에게 필요한 것은?

2차 세계대전 당시, 아우슈비츠 강제 수용소에서는 끔찍한 일이 벌어지고 있었습니다. 독일군은 지상에서 유대인을 말살하겠다는 생각으로 그들을 강제 수용소에 몰아넣고 잔인한 방식으로 죽였습니다. 그렇게까지 끔찍한 일을 당할 이유가 없다고 생각했던 유대인들은 희망을 잃었고, 끔찍한 죽음의 절망 속에서 이런 절실한 질문을 던졌습니다. "하나님은 어디에 계신가?"

17-18세기 계몽주의 시대를 거치면서 인간의 이성은 미래에 대해 장밋빛 전망을 품게 되었습니다. 인간의 힘으

26 　　　　　　　　　　　　　　　　　기후 교회로 가는 길

로 유토피아를 건설할 수 있을 것 같았습니다. 그런데 그러한 통념을 뒤집어 놓는 사건이 발생했습니다. 1, 2차 세계대전입니다. 이성이 인간에게 가져다준 것은 결국 처참한 전쟁이었습니다. 그처럼 비참한 역사를 경험한 사람들은 인간이성에 대해 다시 생각하게 되었고, 신학자들도 신학을 다시 정립하게 되었습니다. 이성이 몰아낸 신앙의 자리를 되찾아오기 시작한 것이죠. 다시 말해, 하나님을 쫓아낸 세상에 하나님을 다시 모셔오기 시작했습니다.

하나님 없는 세상은 어떤 세상일까요? 하나님 없는 세상을 경험하기란 어렵지 않습니다. 우리는 바로 지금 그런 세상을 경험하고 있습니다. 파괴되고 있는 세상 말이죠. 짐 안탈 목사는 매우 끔찍한 이야기를 들려줍니다. 미국의 몬태나주 버트시에 있는 구리 폐광인 버클리 광산에 관한 이야기입니다. 전기 공급에 쓰이는 구리를 생산하기 위해 파헤쳐진 버클리 광산은 한때 세계 구리 수요의 3분의 1을 공급하던 거대한 광산이었습니다. 그랬던 곳이 세월이 흐르면서 경제성이 떨어졌고 결국에는 폐쇄되었습니다. 그 후로 폐광에 물이 차면서 자연스럽게 거대한 호수가 생겨났습니다. 그 호수의 물은 광산에서 배어 나온 구리, 카드뮴, 아연, 비소 등이 섞인 오염된 물이었고, 환경에 위협을 가하게 되었습니다. 그러던 어느 날, 겨울이 다가오자 남쪽으로 이동하던 기러기 떼가 잠시 쉬어 가기 위해 그 거대한 호수에 내려앉았습니다. 밤새 호수에서는 기러기 떼의 울음소리가 들렸고, 아침에 마을 주민들이 가 보니 기러기 떼가 몰사해 있었습니다. 배를 갈라 보니 내장이 전부 녹아 있었습니다. 이런 일이 처음 발생한 게 1995년입니다. 그런데 20여 년이 지난 2016년에 똑같은 일이 발생합니다. 이번에는 더 많은 기러기 떼가 죽임을 당했습니다. 자원을 채굴하기 위해 무분별하게 파헤쳐진 광산과 사후 조치가 제대로 취해지지 않은 채 내버려진 폐광 때문에 엉뚱한 생명이 죽어 나가는 파괴된 세상. 이것이 바로 하나님 없는 세상입니다.

하나님이 없는 것 같은 이렇게 파괴된(또는 파괴되고 있는) 세상을 보면서 우리는 어떠한 마음을 가져야 할까요? 짐안탈 목사는 이렇게 말합니다. "우리가 파괴하고 있는 세상에 대해 비통해하는 것이 우리 세대의 근본적인 사명이라고 나는 믿는다"(『기후 교회』, 83쪽). 파괴된 세상을 향해 비통한 마음을 갖는 것, 이것은 우리가 성경에서 자주 목격하는 일입니다. 성경에 나오는 모든 예언자의 마음은 비통한 마음입니다. 그들은 자신이 살던 당대의 상황에서 파괴된 세상을 향해 비통한 마음을 품었습니다. 그리고 그 파괴된 세상을 어떻게든 다시 살려 보려고 안간힘을 썼습니다. "슬프다, 이 성이여. 전에는 사람들이 많더니 이제는 어찌 그리 적막하게 앉았는고. 전에는 열국 중에 크던 자가 이제 과부 같이 되었고 전에는 열방 중에 공주였던 자가 이제는 강제 노동을 하는 자가 되었도다"(예레미야 애가 1:1). 파괴된 세상을 향해 비통한 마음을 갖는 것은 특별한 일이 아니라 성경을 읽는 그리스도인들이 갖게 되는 아주 보편적인 마음입니다.

베트남 전쟁 반대와 소수자들의 인권 향상을 위해 힘썼던 미국의 인권 운동가 줄리언 본드(Julian Bond)는 마틴 루서 킹 주니어 목사의 뒤를 이어 미국 사회의 변혁을 이루기 위해 평생을 바친 인물입니다. 1960년대부터 인권 운동가로 살았던 본드는 사회 변혁을 위해 가장 중요한 요소 중 하나가 바로 "끈덕진 지속성"이라고 말합니다. 끈덕진 지속성을 갖는 일은 영성 형성 없이는 불가능합니다. 우리가 기후 변화에 대해 공부하는 이유가 바로 기후 변화에 슬기롭게 대처하는 일을 지속적으로 수행하는 데 필요한 영성을 기르기 위함입니다. 끈덕진 지속성 외에 사회 변혁을 위해 필요한 또 다른 것은 "전략과 연대"입니다. 전략, 연대, 끈덕진 지속성은 사회 변혁을 위해서 반드시 갖추어야 할 요소입니다.

프란치스코 교황은 『찬미 받으소서』라는 책에서 "우리는 새로운 보편적 연대가 필요합니다"라고 말합니다. 가톨릭교회의 수장이 보편적 연대를 말하는 것은 큰 의미를 지닙니다. 사도신경에 '공교회'(catholic Church)로 나오는 '가톨릭'(catholic)이라는 용어는 '보편적'이라는 뜻입니다. 그리스도교 신앙은 '보편적 신앙'이라는 의미입니다. 예수 그리스도의 복음은 모든 인종과 지역에서 보편적으로 받아들여질 수 있는 좋은 소식이라는 뜻입니다. 그러나 현재 우리가 사는 세상은 종교다원주의 세상입니다. 하나의 보편적인 종교가 지배하지 않고, 여러 종교가 가치를 공유하고 있습니다. 특히 그리스도교 외에 이슬람교, 힌두교, 불교 등이 서로 종교적 가치를 두고 경쟁하는 세상입니다. 이러한 세상에서 기후 변화 문제를 해결하기 위해 '보편적 신앙'이 아니라 '보편적 연대'를 말하는 것은 굉장히 의미심장합니다. 기후 변화 문제는 각자의 종교적 신념을 넘어서는 인류의 보편적 문제임을 뜻합니다. 기후 변화 문제를 해결하기 위해 각자의 종교적 신념의 바탕 위에서, 그리고 그것을 넘어서 종교 간에 서로 '연대'할 필요가 있음을 강조하는 것입니다.

『기후 교회』에는 상상으로 쓴 편지가 등장합니다. 제목은 "2070년 성회 수요일에 교회 문을 닫게 되어 교인들에게 보내는 편지"입니다. 여기에는 다음과 같은 매우 가슴 아픈 문구가 나옵니다. "나의 가장 큰 슬픔은 지난 수십 년 동안에, 신앙이 가장 크게 필요한 시간에, 마치 코끼리, 호랑이, 판다, 그 밖의 수천 종의 생물 종들의 멸종을 매년 성 프란치스코의 날에 애도했듯이, 하나님에 대한 신앙도 사라졌다는 것입니다. 많은 사람이 주장하기를 인류가 하나님을 포기한 것은 널리 번진 전쟁의 증가, 국경 장벽에서의 지속적인 살해들, 사정없는 모기들이 전염시킨 바이러스들이 이제는 심지어 캐나다에도 침략했다는 것 때문이라고 했습니다. 내 생각에는 하나님의 피조세계가 문명 생활의 파괴자들로(유지자들이 아니라) 경험되면서, 사람들이 더는 사랑의 하나님을 믿을 수 없게 된 것으로 봅니다"(『기후 교회』, 101쪽).

감당할 수 없는 끔찍한 일이 발생하면 사람들은 하나님에 대한 신앙을 잃곤 합니다. 앞에서 언급했듯이, 홀로코스트와 같은 끔찍한 일을 경험한 많은 유대인들이 그곳에서 "하나님은 어디에 계신가?"라고 질문하며, 자신들이 겪고 있는 고통 가운데서 발견할 수 없는 하나님에 대한 신앙에 의문을 제기했습니다. 마찬가지로 만일 우리가 기후 변화 문제를 이대로 방치한다면 어떻게 될까요? 기후 변화로 인해 더욱 심화되는 사회 문제와 그 결과로 벌어지는 끔찍한 일들을 사람들이 계속해서 겪게 된다면 어떻게 될까요? 앞의 가상의 편지에서 말하고 있는 것처럼, 사람들은 점점 더 하나님을 믿지 않게 될 것입니다. 기후 변화 때문에 코끼리, 호랑이, 판다 등 수많은 생물 종이 멸종하는 것처럼, 하나님에 대한 신앙도 멸종하고 말 것입니다.

그러므로 그리스도인들이 기후 변화에 관심을 갖고 기

후 재앙을 막기 위해 앞장서서 열심을 내야 하는 이유는, 파괴되고 있는 세상을 보면서 신앙을 잃을 뿐만 아니라 '하나님의 멸종'을 냉소적으로 받아들이는 불행한 일이 발생하지 않도록 하기 위함입니다. 하나님은 구원의 하나님이시지 멸망의 하나님이 아니십니다. 기후 변화는 하나님이 인간에게 내리는 재앙이 아니라 인간 스스로 불러온 재앙입니다. 인류가 연대하여 힘을 합하면 얼마든지 해결할 수 있는 문제입니다. 이 재앙이 닥치지 않도록 막아내려는 노력은 하나님의 영광을 드러내는 일이자 하나님이 구원의 하나님이심을 세상에 선포하는 신앙의 행위입니다. "하나님은 어디에 계신가?" 바로 지금, 기후 변화를 해결하기 위해 힘쓰는 우리와 함께 계십니다.

기후 교회로 가는 길

더 알아보기

탄소 발자국

탄소 발자국은 생활 방식에서 발생하는 온실 가스 배출량의 총량을 말합니다. 특정 제품 또는 서비스의 탄소 발자국은 수명 주기 동안 대기로 방출되는 탄소의 총 배출량을 계산하여 결정할 수 있습니다. 평균적인 세계 시민의 연간 탄소 발자국은 약 4톤입니다.

실천하기

한국기후환경네트워크 사이트(www.kcen.kr)에 방문하여 나의 탄소 발자국 알아보기

이곳에 들어가면, 가정용과 기업용 탄소 발자국을 알아볼 수 있는 툴이 있다. 지시에 따라 숫자를 입력하면 나의 탄소 발자국을 계산해 준다.

3

—

목표 재설정이
필요한 교회

지구의 구원 없이 인간의 구원은 없다

인터넷 사이트 'CO2.Earth'에 보면 대기중 탄소 농도 수치를 확인할 수 있습니다. 요즘 탄소 농도는 426ppm 근처를 맴돌고 있습니다.[1] 우리는 아무리 바빠도 주식 시세를 확인하는 데는 시간은 쓰지만 탄소 농도를 확인하는 데는 별로 신경을 쓰지 않습니다. 짐 안탈 목사는 『기후 교회』에서 아주 의미심장한 말을 합니다. 우리는 모두 같은 주소에 살고 있는데, 그 주소는 407번지라고 합니다. 그가 책을 쓸 당

---

1   CO2.Earth 최종 접속 일자. 2024년 5월 13일.

시 지구의 탄소 농도는 407ppm이었던 듯합니다. 책이 출간된 지 몇 년 지나지 않았는데(2018년 출간), 그 사이에 탄소 농도가 조금 더 올라간 것을 확인할 수 있습니다. 아무튼 우리는 모두 같은 주소에 살고 있습니다. 탄소 농도가 바로 우리가 살고 있는 집의 주소를 가리킵니다. 매우 재치 있고 의미 있는 상상입니다.

성경을 보면 하나님의 백성이 어떠한 삶의 목표를 가지고 살아가야 하는지 제시해 주는 예언자들이 등장합니다. 이런 면에서 구약의 예언서는 우리 삶을 위한 좋은 지침이 됩니다. 이사야서나 다니엘서 같은 대예언서와 아모스서나 말라기서 같은 소예언서를 보면, 예언자가 활동하던 시대의 주된 관심사가 무엇이었는지를 어렵지 않게 알 수 있습니다. 예언자들은 당대의 가장 중요한 문제에 대해 의견을 피력하고 그 문제를 해결하기 위해 하나님의 백성이 어떻게 목표를 설정하고 살아야 하는지를 제시합니다. 목표 설정을 잘한 공동체는 살아남을 것이고 그렇지 못한 공동체는 멸망할 것이라는, 다소 단순해 보이지만 명확한 메시지가 전해집니다.

선포된 메시지는 단순하지만, 그것을 수용하고 따르기는 그렇게 쉬운 게 아닙니다. 예언자들이 선포한 메시지가 현재의 우리에게는 피상적으로 다가오니 쉬워 보이는 것이지, 당시의 사람들은 생활에 묻혀 살아가느라 무엇이 문제인지 전혀 파악을 하지 못했으니까요. 이러한 현상은 지금도 마찬가지입니다. 우리는 우리가 직면한 삶의 문제가 무엇인지, 또 그것이 얼마나 심각한지 잘 모릅니다. 설령 알고 있다 하더라도, 삶의 방식을 바꾸거나 목표를 재설정하지는 못합니다. 생활방식을 바꾸는 일은 하루아침에 되지 않을뿐더러, 그러려면 많은 에너지가 소요되기 때문입니다.

시간은 흐르고 시대는 바뀝니다. 그러면서 인류가 맞닥뜨리는 문제도 바뀝니다. 인류의 역사를 되돌아보면, 때마다 인류가 직면한 위기를 극복하기 위해 헌신한 그리스도인들을 발견하게 됩니다. 6세기의 베네딕트회 수도사들은 로마제국이 붕괴될 즈음 유럽의 경작지와 숲이 파괴된 사실에 초점을 맞춰, 숲에 나무를 다시 심고 물길을 새로 냈습니다. 개울과 연못을 만들고 퇴비와 거름을 개발하여 소개하는 일에 헌신했습니다. 그들은 땅과 물의 회복을 위해 수고하는 것이 신앙의 실천이자 하나님의 부르심이라고 믿었습니다. 디트리히 본회퍼는 나치 정권에 맞서 고백교회의 비상 교육 신학교(핑켄발데)를 세워 나치 정권이 하는 일에 대해 "의견을 달리하고 저항하는" 그리스도인들과 "영적인 훈련과 희생 그리고 확장된 도덕적 상상력으로 구별되는 새로운 방식의 그리스도인들"을 양성하고자 했습니다(『기후 교회』, 112쪽).

이러한 역사적 사례를 생각할 때 우리는 우리 시대를 향한 하나님의 뜻을 분별하고 그에 맞는 목표를 재설정할 필요가 있습니다. 짐 안탈 목사는 묻습니다. "교회는 무엇을 위한 것인가?" 한때 교회에 출석하는 것으로 제공받던 필요들을 이제 사람들은 다른 방법으로 얻고 있습니다. 한국 교회만 보더라도 선교 초기에 사람들은 교회가 제공하는 교육이나 복지를 제공받으려고 교회에 출석했습니다. 그러나 교육 기관이 발달하고 복지 사회가 도래하면서 이제 교육과 복지 혜택을 받기 위해 교회를 찾는 사람은 거의 없습니다. 이민 교회의 상황도 급격하게 변하고 있습니다. 예전에 이민자들은 고향에 대한 그리움, 한국 음식이나 문화에 대한 그리움을 달래기 위해, 그리고 이민 생활에 요긴한 정보를 얻기 위해 교회를 찾았습니다. 그러나 지금은 정보 통신과 교통 수단의 발달, 그리고 경제적 풍요로 인해 그러한 것들은 직접 해결할 수 있는 시대가 되었습니다. 요즘에는 시간이 없어서 고국에 못 가지 돈이 없어서 못 가는 사람은 거의 없습니다. 이러한 시대에 과연 교회는 무엇을 위한 것인지 다시 생각해 보지 않을 수 없습니다.

　기후 변화로 인한 수많은 위기와 맞닥뜨리고 있는 이 시대에 교회가 자신의 목표를 재설정하는 것은 하나님의 요청임을 깨달아야 합니다. 이것은 도덕적인 신앙의 결단입니다. 교회는 어떻게 목표를 재설정해야 할까요? 짐 안탈 목사는 교회의 목표 재설정을 위해 미국인과 미국 교회를 비판적으로 돌아보고 있는데, 그 비판은 한국인과 한국 교회에도 동일하게 적용됩니다. 한국 사회가 너무도 미국 사회와 닮아 버렸기 때문입니다. 미국인 정서의 가장 큰 특징 중 하나는 엄격한 개인주의입니다. 그렇다 보니 미국 교회는 그 정서에 부응해 오랫동안 '개인의 구원에 집중하는 복음'을 전해 왔습니다. 이것은 미국의 복음주의 교회가 가진 특징입니다. 한국 사회가 경제적으로 발전하기 시작하던 1960-70년대에 미국에서 복음주의를 배워 온 한국의 목회자들이 미국 교회처럼 한국 교회에도 개인 구원의 복음을 대중화시켰습니다. 이러한 개인적인 복음은 경제가 성장하면서 점차 개인화하는 한국 사회에 널리 받아들여졌습니다.

그러나 이제 우리는 기후 위기를 겪으며 인간이 살아가려면 인간만 잘된다고 되는 것이 아님을, 또한 인간이 나머지 다른 피조물과 상호의존의 관계 가운데 있음을 깨닫게 되었습니다. 기후 위기가 교회에 주는 메시지는 너무도 명백합니다. 인간 영혼의 구원에만 초점을 맞추었던 그동안의 신앙 행태는 더 이상 유효하지 않으며, 인간이 두 발을 딛고 사는 지구의 구원(생태 구원)으로 구원의 의미를 확장시켜야 한다는 것입니다. 인간 중심의 구원론에서 하나님 중심의 구원론으로, 즉 하나님이 창조하신 모든 만물을 구원하는 생태 구원론으로의 전환이 필요합니다. 이는 구원을 말할 때 더 이상 인간 개인의 구원만을 말할 수 없고, 총체적인 구원(holistic salvation)을 말하지 않을 수 없게 되었다는 뜻입니다. "지구의 구원 없이 인간의 구원은 없다"라는 말로 바꾸어 쓸 수도 있겠습니다.

여기에 한 가지 더해서, 우리는 '황금률 2.0'에 대해 반드시 인식할 필요가 있습니다.[2] 짐 안탈 목사는 말합니다. "우리는 이웃을 내 몸처럼 사랑하라고 부르심을 받았고, 또한 이 새로운 지구 위에서 우리는 미래의 세대들이 오늘 바로 이웃집에 사는 사람들과 마찬가지로 이웃임을 인정해야 한다"(『기후 교회』, 126쪽). 이 황금률은 기후 변화에 맞선 청소년 단체인 '자녀신탁'(Our Children's Trust)의 활동을 통해 부각됩니다. 이 단체의 청소년들은 지난 2015년 미국 연방 정부를 상대로 다음과 같은 소송을 제기했습니다. "미국이 기후 변화 때문에 우리들의 미래에 대한 권리가 훼손되지 않도록 보호하지 못한 것은 헌법을 위반한 것이다." 황금률 2.0은 지금 현재 동시대에 존재하는 사람들만 우리의 이웃이 아니라 앞으로 다가올 세대도 우리의 이웃임을 상기해

---

2   예수의 "네 이웃을 네 몸과 같이 사랑하라"는 황금률을 염두에 둔 표현이다.

야 함을 지칭하는 표현입니다. 즉 우리가 기후 변화에 도덕적으로 대처해야 하는 이유는 단순히 우리 세대만을 위한 것이 아니라 앞으로 다가올 미래 세대를 위한 것이기도 하다는 뜻입니다.

기후 변화로 인해 인류가 겪게 될 당면한 사회 문제들을 앞에 두고 교회가 목표를 재설정해야 하는 이유는 분명해 보입니다. 그리고 어떻게 목표를 재설정해야 하는지도 분명해 보입니다. 이 주제와 관련해 우리 시대의 예언자 같은 역할을 하고 있는 토마스 베리(Thomas Berry)나 래리 라스무쏀(Larry Rasmussen) 같은 신학자들은, 우리가 하나님이 주신 아름다운 생명을 보존하고자 한다면 산업공학기술 시대에서 생태 시대로 전환할 필요가 있다고 주장합니다. 특히 라스무쏀은 지난 170년 동안 우리 사회의 전반적인 체제가 땅에 근거한 유기체적이고 늘 신생하는 경제에서 착취하고 신생을 못하게 하는 산업 경제로 이동하는 동안 교회는 이에 저항하지 못하고 목줄에 매인 개처럼 질질 끌려왔다고 비판합니다. 통렬한 비판입니다. 기후 위기 시대를 맞아 더 이상 교회는 개처럼 질질 끌려가지 말아야 합니다. 다시 한 번 묻습니다. "교회는 무엇을 위한 것입니까?"

더 알아보기

기후 변화에 맞선 청소년들의 단체 '자녀신탁'
(www.ourchildrenstrust.org)

이 단체가 유명해진 이유는 청소년들이 기후 변화로 인해 자신들의 미래가 불안해졌다며, 청소년들의 미래를 책임져야 할 정부가 그 책임을 다하지 못하고 게을리한 책임을 물어 미국 정부를 상대로 소송을 제기했기 때문이다. 한국에서도 청소년들이 자신들의 미래를 위해 기후 변화 문제에 미온적으로 대처하고 있는 정부를 향해 이와 같은 권리 주장을 하는 활동이 활발해지면 좋겠다.

실천하기

CO2.Earth 사이트에 접속하여 대기중 탄소 농도 확인하기

이 웹 사이트에 접속하여 대기 중 탄소 농도를 주기적으로 확인하면 탄소 농도가 계속하여 변화, 상승하는 것을 볼 수 있다. 탄소 농도를 확인하는 일은 탄소 발자국을 줄이려는 노력에 도움이 될 것이다.

4

—

기후 변화와
새로운 도덕률

기후 위기에 눈감고 지구 탈출을 염원하는 잘못된 신앙

인간은 성공을 추구합니다. 교회도 성공을 추구합니다. 인간의 집합체이며 신앙 공동체인 교회에게 성공이란 과연 무엇일까요? 이 땅의 수많은 교회가 '부흥'이라는 용어를 들어 각종 프로그램과 아이디어를 동원해 성공을 추구해 왔습니다. 교회의 생태계도 일반 집단의 생태계와 별반 다르지 않게 매우 경쟁적으로 성공을 향해 달려 왔습니다. 어떤 교회들은 자신들이 잘할 수 있는 분야를 호소력 있게 계발한 덕에 성공했고, 어떤 교회들은 '예배, 선교, 봉사, 친교' 등 전통적인 교회 사역을 탁월하게 수행함으로써 성공했습니다.

또 어떤 교회들은 포스트모던 사회에 어울리는 교회의 모습을 갖춤으로써 신선한 방식으로 사람들에게 다가가 성공을 일구기도 했습니다. 그러나 이렇게 열거한 교회들의 성공은 현재 우리가 마주한 현실 앞에서 매우 무기력해 보입니다. "모든 개교회는 힘겨운 새로운 현실에 직면한다. 즉 우리는 하나님의 피조물 지속에 더는 의존할 수 없다는 현실이다"(『기후 교회』, 139쪽). 사랑이 없으면 그 어떤 행위도 울리는 꽹과리에 불과하듯, 기후 변화의 현실을 외면하는 그 어떤 성공도 헛되다는 말입니다.

기후 위기 시대를 맞아 교회는 '성공'에 대한 정의를 절대적으로 다시 세워야 합니다. 우리에게 새로운 도덕률이 요청된다는 말입니다. 그렇다면 우리가 직면한 기후 위기 앞에서 우리는 어떤 생각을 하고 어떤 행동을 취해야 할까요? 삶의 지속성을 위해, 미래 세대의 지속성을 위해, 교회 사역의 지속성을 위해 그리스도인으로서 우리는 어떠한 역할을 감당해야 할까요? 『기후 교회』에서 짐 안탈 목사는 지구와 이 땅 위의 생명을 위협하는 두 개의 집단을 소개합니다. 하나는 화석 연료를 뽑아내어 엄청난 부자가 되는 소수의 기업 집단이고, 다른 하나는 피조물을 쓰레기로 만드는 데서 이익을 얻는 발전된 산업 국가에 살고 있는 사람들입니다. 이렇게 거리를 두고 두 개의 집단이 명시되어 있지만 실상 이것은 바로 '우리'를 지칭하는 말입니다. 우리는 모두 발전된 산업 국가에 살고 화석 연료를 소비하면서 생명을 보존하기 때문입니다. 그러면서 우리는 막대한 쓰레기를 생산해 냅니다. 다름아닌 '우리'가 지구와 이 땅 위의 생명을 위협하는 존재입니다.

이러한 사태 앞에서 우리는 어떻게 해야 할까요? 바로 여기에서 우리는 매우 급진적인 제안을 마주하게 됩니다. 거대한 전환 혹은 놀랍도록 거듭난 삶이 우리에게 요청됩니다. 이것은 기후 위기 앞에서 인간의 생존을 모색하는 모든 '기후영성학자들'이 (종교인이든 종교인이 아니든) 공통으로 말하는 바이기도 합니다. 최근 『회복력 시대』(*The Age of Resilience*)를 출간한 제러미 리프킨(Jeremy Rifkin)은 기후 위기를 맞아 '회복력'을 키워드로 한 생존 전략을 말합니다. '회복 탄력성'이라는 말로 번역되기도 하는 'resilience'라는 단어는 '역경과 고난을 지나면서도 무너지지 않고 다시 회복하고 성장할 수 있는 능력'을 가리킵니다. 리프킨은 상생을 강조합니다. 산업 시대를 거치면서 인간은 생태계의 다른 종들과 구별된 종(species)으로서 다른 종들을 지배하고 착취할 수 있는 권한이 있는 것처럼 행동해 왔으나, 이제는 인간도 지구 생태계에 종속된 하나의 종(one of them)으로서 자신의 위치를 다시 설정해서(혹은 원래대로 돌아가서)

자연의 일부로 살아가는 적응력을 가져야 한다는 것입니다.

『기후 교회』에서 짐 안탈 목사도 같은 말을 합니다. 그는 기후 위기 앞에서 교회는 탄력적인 공동체를 구성해야 한다고 제안합니다. 여기서 '탄력적'이라는 용어도 'resilience'와 같은 의미를 가집니다. 위기에 직면했지만 그 위기에 넘어지거나 휩쓸려 사라져 버리는 것이 아니라, 그 위기를 지혜롭게 극복하여 계속해서 번성하는 공동체를 만들어야 할 의무가 교회에 있다는 것입니다. 그러면서 그는 '상호 의존성'의 중요성과 체제를 바꾸기 위한 노력이 얼마나 중요한지를 서술합니다. 우리 동양인(Asian)은 전통적으로 인간과 인간, 그리고 인간과 자연이 서로 의존된 존재임을 너무도 잘 압니다. 그러나 동양인의 삶이 서구화되면서 우리가 원래 지니고 있던 삶에 대한 가치, 즉 '상호 의존성'의 가치를 상실한 지 오래입니다. 오랜 세월 동안 동양인은 자연에 순응(적응)하는 방식으로 삶을 꾸려 왔습니다. 그러나 18-19세기를 거치면서 산업화를 먼저 이룬 서구인들의 영향으로 자연에 순응하는 삶의 방식은 온데간데없이 사라지고 자연을 지배하고 착취하는 삶의 방식이 우리 안에 자리 잡았습니다. 지배와 착취에 기반한 서구인들의 제국주의 시대는 동양인들로 하여금 자연에 순응하던 방식을 버리고 자연을 지배하고 착취하는 삶의 방식을 택하도록 부추겼습니다.

　그런데 기후 위기 앞에서 서구인들은 자신들이 자연을 일구며 행한 지배하고 착취하는 방식이 결국 얼마나 잘못된 삶의 방식이었는지 깨닫게 되었습니다. 그래서 이제 그들은 동양인들에게서 삶의 지혜를 배우려고 합니다. 그 지혜란 바로 자연에 순응하는 삶의 방식입니다. 인간과 인간, 그리고 인간과 자연이 서로 의존하는 존재임을 아는 것입니다. 우리가 기후 변화에 대해 공부하면서 기후 변화 담론을 이끌고 있는 서구 세계의 학자들이 쓴 책들을 참고하고 있지만, 사실 동양인으로서 우리는 이미 오랜 세월 동안 살면서 체득한 '상호 의존성'을 우리 안에 가지고 있습니다. 기후 위기에 직면해 다시 살펴보자면, 자연에 순응하는 삶의 방식은 시대에 뒤떨어진 삶의 방식이 아니라 오히려 시대를 앞서가는 삶의 방식이고 올바른 도덕률에 근거한 정의로운 삶의 방식이었음을 알 수 있습니다. 그러므로 우리는 기후 변화 담론을 이끄는 서구의 생태학자들로부터 무엇을 배운다기보다 우리가 살아온 삶의 방식이 얼마나 훌륭한 것이었는지를 확인하고 자랑스러워할 필요가 있습니다. 서구인에게는 회개가 필요하지만, 우리 동양인에게는 감사와 칭찬이 필요한 것이죠.

　기후 위기는 모든 형태의 불의를 강화합니다. 이렇게

불의가 증폭되고 있는 기후 위기의 시대에 교회가 빛을 발할 수 있는 이유는, 교회가 이미 오래전부터 정의(justice)를 자신의 특색으로 명시해 왔고 모든 불의에 반대하도록 부르심을 받았다는 자기 정체성을 표방해 왔기 때문입니다. 브라이언 맥라렌(Brian McLaren)의 말을 인용하여 짐 안탈 목사는 이렇게 말합니다. "예수는 건설 계획(building plan)을 가지고 왔지─그의 추종자들에게 땅 위에서 하늘나라를 건설하는 데 그와 함께하자고 확신시키기를 희망하면서─하나님이 우리에게 보살피라고 위탁하신 생명을 주는 피조세계로부터 (죽든지 혹은 우주선을 타고) 철수해 도망가자고 온 것이 아니다"(『기후 교회』, 144쪽). 기후 위기로 인해 증폭되는 불의에는 눈감고 그저 어떤 방식으로든(죽든지 혹은 우주선을 타고) 지구를 탈출하기만 하면 그것이 구원이라고 생각하는 신앙은 그리스도인의 바른 신앙이 될 수 없습니다. 오히려 우리는 증가하고 있는 불의에 맞서, 불의를 가중시키는 원인을 제거하기 위해 행동해야 합니다. 탄소 생산의 진짜 비용을 알아 내어 탄소가 원인이 되는 공해에 그 값에 반영되도록 탄소 배출 기업들을 압박해야 하고, 지속 가능한 경제로 전환하는 데 있어 부자들이 공정한 몫을 부담하도록 요구해야 하며, 탄소의 진정한 값을 지불하는 부담을 가난한 자들에게 떠맡기지 못하도록 주장해야 합니다(『기후 교회』,

151쪽).

　기후 변화를 마주하여 우리에게 절실히 요청되는 것은 새로운 도덕률입니다. 도덕이란 양심에 따라 행동할 수 있도록 도와주는 기준점 같은 것입니다. 우리는 수없이 많은 행위를 하면서 살아갑니다. 하지만 내가 하는 그 수많은 행위가 모두 옳은 것은 아닙니다. 도덕률이라는 준거점이 주어지지 않으면 우리는 자신이 하는 행동이 옳은지 그른지 분별하지 못합니다. 많은 경우 사람이 선한 일과 도덕적인 행동을 안 하는 것은 무엇이 선한 일이고 도덕적인 행동인지 알지 못해서 그런 것이지 그가 원래부터 악해서 그런 것은 아닙니다. 기후 위기 시대에 절실히 요청되는 도덕률은 너무도 분명합니다. 기후 변화에 대처하기 위해 전 지구적으로 힘을 모으는 것입니다. 그 힘을 모으는 데 교회는 도덕적 나침반의 역할을 감당해야 합니다. 이것을 외면하면 그 어떤 성공도 교회의 참 부흥이 아닐 것입니다.

기후 교회로 가는 길

더 알아보기

IPCC (Inter-governmental Panel on Climate Change, 기후 변화에 관한 정부 간 협의체)

IPCC는 기후 변화에 관한 정부 간 협의체로, 국제연합(UN)의 전문 기관인 세계기상기구(WMO)와 국제연합환경계획(UNEP)에 의해 1988년에 설립되었다. IPCC의 주요 임무는 인간 활동으로 인한 기후 변화의 위험을 평가하고 국제적 대책을 마련하는 것이다. IPCC는 직접 기상 관측을 하지는 않으며, 유엔 기후변화협약 당사국총회(UN FCCC COP)의 실행에 관한 보고서를 발행한다. IPCC는 평가 보고서(assessment reports), 특별 보고서(special reports), 방법론 보고서(methodology reports)를 발행한다. 2022년 현재 6차 보고서까지 발표되었다. 최근 열린 COP(유엔 기후변화협약 당사국총회, Conference of the Parties)는 아랍 에미리트에서 열렸다. 28번째 모임이라 COP28이라 불린다. 29차 당사국총회(COP29)는 아제르바이잔에서 열릴 예정이다. 탄소 배출 제로의 목표를 달성하기 위해서는 화석 연료를 쓰지 않아야 하는데, 최근 당사국총회 개최지가 산유국들이어서 실효성에 의문이 제기되는 상황이다.

실천하기

기상청 기후정보포털(www.climate.go.kr)에 접속하여 IPCC와 우리 나라의 IPCC 활동에 대해 알아보기

이곳에 접속하여 '기후 정책/국제 협력 활동' 아래에 있는 IPCC를 클릭하면 된다.

5

—

기후 변화와
제자도

화석 연료 중독에서 벗어나는 길, 이 시대의 제자도

"차이를 만들어 낼 유일한 변화는 인간의 가슴을 변화시키는 것이다." MIT의 피터 센지(Peter Senge) 교수가 한 말입니다.[3] 일생에서 가장 먼 여행은 머리에서 가슴까지의 여행이라고 합니다. 신영복 선생은 여기에서 더 나아가 "가슴에서 발까지의 여행"을 덧붙였습니다. 우리가 일생에 걸쳐 해야 할 가장 먼 여행은 머리에서 가슴을 거쳐 발까지 가는 여

---

3   Peter Senge, C. Scharmer (2011). *Presence: Exploring Profound Change in People, Organizations and Society* (New York: Nicholas Brealey Publishing), p. 29.

행입니다. 이는 그리스도인에게 그리 낯선 개념이 아닙니다. 우리가 가진 '제자도'라는 말에 그 뜻이 담겨 있으니까요. 제자도란 제자가 가야 할 길을 말하는데, 예수를 따르는 이의 길이란 예수께서 걸어가신 길을 똑같이 따라가는 것을 말합니다. 그래서 바울은 에베소서에서 이렇게 말합니다. "우리가 다 하나님의 아들을 믿는 것과 아는 일에 하나가 되어 온전한 사람을 이루어 그리스도의 장성한 분량이 충만한 데까지 이르리니 이는 우리가 이제부터 어린아이가 되지 아니하여 사람의 속임수와 간사한 유혹에 빠져 온갖 교훈의 풍조에 밀려 요동하지 않게 하려 함이라"(에베소서 4:13-14).

기후 교회는 제자도를 묻습니다. "기후 위기의 세계에서 예수를 따른다는 것은 무엇을 뜻하는가?"(『기후 교회』, 161쪽) 제자도는 매우 역동적인 개념입니다. 저명한 사회학자 지그문트 바우만의 개념을 빌려 제자도를 표현한다면, 제자도란 고정된 것이 아니라 '유동적'(liquid)입니다. 제자도는 한 시대에 고정된 것이 아니라 역사를 따라 변화합니다. 예수 그리스도에게 신실하고자 했던 신앙의 선조들은 모두 자기 시대의 문제를 못 본 척하지 않고 끌어안고 씨름했습니다. 멀게는 로마 제국의 멸망의 지켜보며 그리스도교 신학을 탐구했던 아우구스티누스가 그랬고, 가깝게는 나치의 포학에 맞서 제자도를 고민했던 독일 고백교회의 신학자들,

특히 바르트나 본회퍼가 그러했습니다. 한국 그리스도교 역사에서는 김교신이나 유영모 같은 분들이 일제 시대와 영적 위기의 시대에 맞서 참된 제자도가 무엇인지를 고민했습니다. 그들은 모두 제자도란 단순히 예수 믿고 구원받아 천국 가는 문제가 아니라, 구원받은 하나님의 자녀로서 당면한 시대의 문제와 씨름하는 것임을 알았던 것이죠.

제자도를 진지하게 생각하는 신앙인은 경건한 신앙의 선배들이 던졌던 질문을 동일하게 할 줄 알아야 합니다. 본회퍼가 그 질문을 한 문장으로 아주 잘 정리해 주었습니다. "오늘 우리에게 그리스도는 누구신가?" 우리는 '오늘' 보고 있습니까? 오늘 우리가 사는 세계에서 무슨 일이 발생하고 있습니까? 『기후 교회』에서는 오늘 우리가 사는 세계에서 발생하고 있는 일들을 적나라하게 보여 주고 있고 그러한 일들에 맞선 제자도가 무엇인지를 묻고 있습니다. 그 가운데 책에서 가장 주목하는 것은 지난 2세기 동안 발생한 화석 연료의 추출과 그것을 이용한 물질적 성장입니다. 화석 연료의 사용과 물질적 성장의 추구는 풍요만 가져온 것이 아니라 기후 변화를 동반했기 때문입니다. 인간의 삶에 풍요를 가져오는 바로 그것이 인간의 생명을 멸망시킨다면 이것만큼 모순되는 것이 없기 때문입니다.

라스무쎈의 『지구를 공경하는 신앙』(*Earth-Honoring*

Faith)에 나온 진술을 인용해 짐 안탈 목사는 단호하게 말합니다. "신앙인으로서 우리도 인간의 경제가 '생태학적 비용에 무관심하게 병리학적으로' 굴러가는 것을 곁에서 가만히 서서 지켜볼 수는 없다"(『기후 교회』, 164쪽). 지난 200년간 화석 연료를 사용해 인류가 행한 일은 경제 성장에 대한 맹목적인 숭배에 다름 아닙니다. 우리는 인간의 경제가 "생태학적 비용에 무관심하게 병리학적으로 굴러간다"는 말에 주목할 필요가 있습니다. 이것이 무슨 뜻인지는 미국에서 발생하고 있는 총기 사고를 보면 어렵지 않게 알 수 있습니다. 2023년 한 해 동안 미국에서 총기 사고로 목숨을 잃은 사람의 수가 무려 43,000명에 달합니다. 그러나 미국 정부와 의회는 총기 규제를 하지 않습니다. 모두 돈 때문입니다. 그야말로 생태학적 비용(생명이 죽어 나가는 일)에 무관심하게 병리학적으로 총기 구매와 사용을 허가하고 있습니다. 이와 마찬가지로 인류는 경제 성장을 위해 모든 생태학적 비용을 마치 없는 것처럼 생각합니다. 이것은 병리학적 현상입니다. 질병입니다.

지난 200년간 인류 역사에 진행된 근대화(moder-nity)는 경제 성장을 위해 모든 것을 희생시켰습니다. 경제가 모든 논의를 빨아들이는 블랙홀이 된 시대였습니다. 그래서 정치도 사회도 문화도 그리고 종교도 모두 경제를 위해 봉

사하고 희생했습니다. 그렇게 해서 우리가 세운 사회는 물질적 소비 위에 세워진 사회가 되었습니다. 그러면서 다음과 같은 것들이 가치 있고 도덕적이고 바람직하다고 여겨지는 사회가 되었습니다. '성장, 소비, 발전, 중독, 과잉, 편리, 무관심, 자기중심.' 인류는 오로지 이런 것들을 위해 사는 것처럼 보입니다. 성장하지 않으면, 소비하지 않으면, 발전하지 않으면, 중독되지 않으면, 과잉되지 않으면, 편리하지 않으면, 무관심하지 않으면, 자기중심적이지 않으면 실패한 인생인 양 생각합니다. 그래서 사람들은 '생태학적 비용에 무관심하게 병리적으로' 성공을 위해 살아갑니다.

이러한 생활 방식이 문제가 되는 것은 '삶'을, '생명'을, '생태'를 지속적이지 못하게 하기 때문입니다. 삶은 지치고, 생명은 끊어지고, 생태는 망가지고 맙니다. 바로 이 지점에서 우리는 제자도를 다시 생각해 보아야 합니다. 제자도란 예수 그리스도께서 걸어가신 생명의 길을 따라가는 것인데 예수 그리스도께서 오늘 우리가 사는 세계에 사신다면 과연 어떠한 삶을 사셨을까요? 생명을 구원하시는 그리스도께서 성장과 소비, 발전과 중독, 과잉과 편리, 무관심과 자기중심에 사로잡혀 삶을 지치게 하고 생명을 끊어지게 하고 생태를 망가뜨리는 길을 가셨을까요? 그럴 리 만무합니다.

잠시 멈추어 생각해 보면, 우리가 인식하지 못하는 사

기후 교회로 가는 길

이에 지난 200년 동안의 제자도는 경제 성장과 맞물려 버린 것 같습니다. 그래서 우리는 '성장'이라는 용어에 매몰되어 제자도란 성장을 일구는 것인 양 자신도 모르게 '생태학적 비용에 무관심하게 병리적으로' 제자도를 실행해 온 듯합니다. 기후 교회는 기후 위기의 세계에서 예수를 따른다는 것이 무엇을 의미하는지 진지하게 물으며 제자도의 재설정을 촉구합니다. 성장 대신에 탄력성을, 소비 대신에 협력을, 발전 대신에 지혜를, 중독 대신에 균형을, 과잉 대신에 적당함을, 편리 대신에 비전을, 무관심 대신에 책임성을, 그리고 자기중심적 두려움 대신에 자기를 내어 주는 사랑을 오늘 우리에게 필요한 제자도로 제시합니다.

이렇게 새롭게 제시된 제자도를 한마디로 줄여서 다시 설명하면, 오늘 우리에게 제자도란 '체제 변화 운동에 참여하는 것'입니다. 지난 200년간 인류는 화석 연료 사용과 경제 성장 추구가 주축이 되는 체제를 구축해 왔습니다. 우리는 화석 연료에 과도하게 중독되어 있습니다. 세계 최고 부호 상위 10위 가운데 셋이 에너지 사업과 관련되어 있습니다. 미국의 코흐 인더스트리, 사우디아라비아의 사우드 가문, 인도의 릴라이언스 인더스트리가 그들입니다. 쓰고 나면 재생할 수 없는 화석 연료 대신에 재생 가능한 에너지로 경제를 구성하는 체제를 우리는 새롭게 구축할 수 없는 걸까요? 『대지의 선물』(*The Gift of Good Land*)에서 웬델 베리(Wendell Berry)는 이런 말을 합니다. "당신이 이웃을 사랑하면서 그 이웃의 삶이 의존하고 있는 위대한 유산을 경멸하는 것은 모순이다"(『기후 교회』, 191쪽). 이웃을 자기 자신과 같이 사랑하는 것은 그리스도인에게 빼놓을 수 없는 제자도입니다. 이웃을 사랑한다면서 그 이웃이 의존하고 있는 '위대한 유산'을 경멸한다면 이웃을 욕보이는 것이나 마찬가지입니다. 지구는 우리의 '위대한 유산'입니다. 이 유산을 함부로 훼손하는 것은 신앙이나 제자도일 수 없습니다. 기만이며 사기입니다. 이웃을 자기 자신과 같이 사랑하는 제자도는 지구도 자기 자신과 같이 사랑합니다.

기후 위기를 맞아 우리의 제자도는 기존의 제자도와 무엇이 어떻게 달라져야 할까요? 기후 위기를 맞아 우리는 여전히 개인의 영혼 구원만 외칠 수 있을까요? 그렇지 않다면 예배, 설교, 기도, 선교, 친교, 봉사의 측면에서 기존의 제자도를 아우르면서도 구별되는 새로운 제자도는 무엇이어야 할까요? 그리스도를 따르는 무리로서 진지하게 고민해 보지 않을 수 없는 문제입니다. 오늘 우리의 머리는, 우리의 가슴은, 우리의 발은 무엇을 향하고 있습니까?

더 알아보기

기후 변화 문제에 대응하는 단체들

해외 단체

greenfaith.org | citizensclimatelobby.org
deartomorrow.org | 350.org | earthjustice.org

국내 단체

youth4climateaction.org (청소년기후행동)
greenchrist.org (그리스도교환경운동연대)
eco-christ.com (그리스도교환경교육센터 살림)
방문 강추! 유용한 정보와 자료를 찾을 수 있는 곳이다.
kcen.kr (한국기후환경네트워크)
이곳에서 한국의 환경 단체들을 대다수 확인할 수 있다.

실천하기

넷플릭스에서 〈씨스피라시〉(Seaspicary) 시청하기

〈씨스피라시〉는 2021년에 출시된 넷플릭스 다큐멘터리로, 전 세계적인 어업의 영향과 그로 인한 해양 생태계의 문제를 조명한다. 이 다큐멘터리는 감독 알리 타브리지가 진행하며, 상업적 어업이 해양 생물 다양성에 미치는 파괴적인 영향과 해양 오염, 불법 조업, 그리고 해양 보호 구역의 실효성 문제 등을 탐구한다.

6

—

기후 변화와
예배의 변화

교회에서 '기후 부흥 집회'를 열 수 있을까

인간을 정의하는 용어 중 가장 널리 알려진 것은 '호모 사피엔스'(Homo sapiens)입니다. 합리적 근대 사상을 열었던 데카르트는 그 의미를 다음과 같이 표현했죠. "나는 생각한다. 고로 존재한다." 인간 종(species)을 생각할 때 다른 생물 종보다 두드러진 점 가운데 가장 먼저 내세울 수 있는 것이 '이성'(reason)이라는 뜻입니다. 인간은 '생각할 수 있는 능력'(이성의 능력)을 지닌 존재입니다. 그 덕분에 인간은 다른 생물 종 위에 군림할 수 있었다고 여겨집니다. '생각의 능력'은 참 놀라운 것입니다. 그러나 그 놀라운 능력이 오히려 자신의 생명을 위협하고 있다면 인간은 그 능력에 대해 다시 생각해 봐야 할 것입니다. 인간은 호모 사피엔스이기 때문에 다른 생물 종과는 비교되지 않을 정도로 많은 것을 누리고 살지만, 바로 그 능력이 자신의 생명뿐 아니라 다른 종들의 생명까지도 위협하고 있다면 인간은 자기 존재의 조건과 토대를 다시 정립할 필요가 있어 보입니다.

인간을 정의하는 용어 중 오늘날 회복되고 강조되어야 할 것은 '호모 리투르기쿠스'(Homo liturgicus)입니다. 제임스 스미스(James K. A. Smith)는 『하나님 나라를 욕망하라』 (*Desiring the Kingdom*)에서 이렇게 말합니다. "일차적으로 우리는 합리적 인간(Homo rationale)이나 도구적 인간(Homo faber), 경제적 인간(Homo economicus)이 아니다. 심지어 흔히 말하는 종교적 인간(Homo religiosus)도 아니다. 더 구체적으로 말하자면 우리는 예배하는 인간(Homo liturgicus)이다"(『하나님 나라를 욕망하라』, 57쪽). 제임스 스미스가 '예배하는 인간'을 강조하는 이유는 이성의 독주로 인해 망가진 세상을 회복하기 위해 아우구스티누스의 생각을 우리 시대에 복원하려는 노력의 일환입니다.

아우구스티누스는 사랑의 열망이 가득한 세상을 꿈꿨던 위대한 그리스도교의 교부입니다. 자신의 책 『고백록』에서 아우구스티누스는 하나님에 대한 사랑을 가감 없이 고백합니다. "당신은 우리 인간의 마음을 움직여 당신을 찬양하고 즐기게 하십니다. 당신은 우리를 **당신을 향해서** 살도록 창조하셨으므로 우리 마음이 **당신 안에서** 안식할 때까지는 편안하지 않습니다"(선한용 옮김, 『고백록』, 45쪽). 이 구절을 쉬운 말로 옮기면 이런 뜻입니다. '하나님, 우리는 당신을 마음껏 사랑하도록 창조된 존재입니다.' 그렇습니다. 우리는 하나님을 사랑하도록 창조된 존재입니다. 바로 이것 때문에 인류를 '예배하는 인간'으로 명명하는 것이죠. 사랑은 상대방을 숭배하는 것, 곧 예배하는 것을 뜻하기 때문입니다.

사랑에 빠져 본 사람이라면 이 말이 무슨 뜻인지 어렵지 않게 알 수 있을 겁니다. 사랑에 빠지면 인간의 말과 행동은 바뀝니다. 사랑의 대상을 향한 추앙의 말과 행동이 넘쳐납니다. 상대방을 향한 나의 언어와 행동이 숭배로 넘친다면 그것은 사랑에 빠졌다는 가장 확실한 증거입니다. 그러므로 사랑하는 사람은 곧 예배하는 사람입니다. 그런 의미에서 인간이 하나님을 사랑하는 것은 곧 예배하는 것과 같습니다. 신앙인이 예배를 열심히 드리는 이유는 하나님을 사랑하기 때문입니다. 예배는 사랑의 행위 그 이상도 이하도 아닙니다.

『기후 교회』에서 짐 안탈 목사는 기후 위기를 맞아 교회의 예배가 어떻게 바뀌어야 하는지에 대해 도전을 주고 상상력을 제공합니다. 그의 도전 중 눈여겨봐야 할 것은 현재 우리의 예배가 너무 인간 중심적이라는 비판입니다. 우리의 예배는 온통 인간의 구원에만 집중되어 있습니다. 하나님이 지으신 피조물 중 예배할 수 있는 존재는 오직 인간 외에는 없는 것인 양 우리는 다른 모든 피조물을 제외하고 인간만이 참여하는 예배를 드려 왔습니다. 이러한 현상을 비판하기 위해 짐 안탈 목사는 윤리학자 윌리스 젠킨스를 인용합니다. "생물학적인 것들이 사라지는 가운데 다른 피조물들이 없는 예배를 드리는 것은 회중으로 피조물을 소멸시키는 힘에 대해 무관심하게 만든다"(『기후 교회』, 207쪽).

이 세상 모든 만물이 인간과 똑같이 하나님을 사랑하도록 창조되었음을 생각한다면, '예배 드리기'는 인간에게만 주어진 특권이 아니라는 점을 인정할 필요가 있습니다. 기후 위기를 맞아 '예배하는 인간'에게는 인간 중심주의를 넘어서는 상상력이 필요합니다. 예배 시간에 인간만 예배를 드리는 것이 아니라 우리가 키우는 반려 동물이나 반려 식물 등과 함께 예배드리는 것을 상상해 볼 수 있습니다. 성만찬의 빵과 포도주를 인간에게만 나누어 줄 것이 아니라 반려 동물에게도 나누어 주는 일을 상상해 볼 수 있습니다. 왜냐하면 인간만이 아니라 모든 피조물이 하나님을 사랑하도록 창조되었고 인간만이 아니라 다른 모든 피조물도 하나님의 은총을 받은 존재이기 때문입니다.

　인간만이 아닌 모든 피조물이 참여하는 예배를 상상한다는 것은 인간이 기후 변화에 끼치고 있는 해악을 반성하는 일일 뿐만 아니라 인간 중심주의에서 벗어나 기후 위기를 초래한 인간의 행동을 변화시키려는 의지의 반영입니다. 예배의 변화가 중요함은 역사적으로도 증명된 사실입니다. 일례로 1960년대 초반 미국에서 흑인 인권 운동이 한창일 때 미국 남부에 있는 흑인 교회들은 자신들의 예배를 흑인 인권에 초점을 맞춰 구상했습니다. 그 결과 흑인 인권 운동은 성공을 거뒀고 흑인에 대한 인종 차별적인 행위를 금지하는 법률이 제정되는 데 이바지했습니다. 이것이 바로 예배의 힘입니다. 우리는 여기에서 무슨 경험이 예배의 중심이 되어야 하는지에 생각하게 됩니다. 역사의 요청이 무엇인지 생각하며 예배를 구성할 때, 현재 우리의 예배는 기후 위기의 경험이 예배의 중심이 되지 않을 수 없다는 결론에 이르게 되는 것이죠.

　기후 위기를 맞아 『기후 교회』에서 제시하고 있는 혁신적인 예배 중 우리가 어렵지 않게 실천해 볼 만한 것이 몇 가지 있습니다. 그중 하나는 '기후 부흥 집회'입니다. 우리는 대개 '성령 부흥 집회'나 '말씀 부흥 집회'에 익숙합니다. 하지만 우리는 이제 성령과 말씀이 기후 위기를 무시할 수 없는 시대에 살고 있습니다. 기후 위기를 겪는 우리 시대에 성령과 말씀은 기후 위기에 대해 우리에게 하실 이야기가 더 많을 겁니다. 기후 위기에 맞서는 것이 우리 시대에 긴급히 요청되는 사명인 만큼 교회들이 연합해 '기후 부흥 집회'를 열어 기후 위기를 초래한 인간의 죄악을 회개하고 생명의 지속적인 번영을 위해 하나님의 은총과 지혜를 간절히 구한다면 굉장히 고무적인 일이 될 것입니다.

『기후 교회』에서 제시하고 있는 또다른 혁신적인 예배는 '길 위에서 드리는 예배'입니다. 우리는 교회 공간에 모여서 드리는 예배에 익숙합니다. 그러나 '시민 불복종 예배'라고 부를 수도 있는 '길 위에서 드리는 예배'는 예배 의식(ritual)을 현장으로 끌고 나가는 것을 의미합니다. 이미 '길 위에서 드리는 예배'를 실행하고 있는 그리스도인들이 있습니다. 기후 위기를 초래하는 건설 현장이나 사회 정의를 해치는 일이 진행되는 곳, 또는 인간의 존엄성이 훼손되고 있는 곳으로 직접 발걸음을 옮겨 바로 그곳에서 현장 예배를 드리는 것이죠. 주일에는 예배당에 모여서 예배를 드리지만 토요일이나 공휴일에는 자연이나 인간에 대한 불의가 행해지는 현장에 가서 예배드리는 일을 교회가 적극적으로 실행한다면 교회는 우리 시대의 사람들에게 한층 매력적인 곳이 될 것입니다. 이러한 풍경이 상상이 아니라 현실이 된다면 예수 그리스도께서 이 땅에 탄생하셨을 때 선포된 이 말씀이 실현되는 것이겠죠. "지극히 높은 곳에서는 하나님께 영광이요 땅에서는 하나님이 기뻐하신 사람들 중에 평화로다"(누가복음 2:14). 길 위에서 드리는 예배는 기후 변화로 인해 두려움에 빠진 우리 시대의 사람들에게 평안과 위로를 가져다줄 것이다.

우리는 예배하는 인간입니다. 우리는 하나님을 사랑하기 때문에 예배하는 인간으로 불립니다. 하나님을 사랑한다는 것은 하나님이 창조하신 모든 피조물을 사랑한다는 뜻이기도 합니다. 그동안 우리의 예배는 너무나 인간 중심적인 예배에 머물렀습니다. 마치 하나님이 인간만 창조하시고 나머지 피조물들은 하나님의 피조물이 아닌 듯 인간은 자기를 사랑하는 데만 몰두하고 나머지 피조물을 사랑하는 데는 실패했고, 그로 인해 피조물을 착취하고 파괴하기를 일삼아왔습니다. 그 결과 인간이 경험하게 된 현실이 기후 위기입니다. 이는 사랑의 실패요 예배의 실패입니다. 예배하는 인간으로서 우리 다시 하나님을 열정적으로 사랑하면 좋겠습니다. 그러나 이번에는 다르게 사랑해야 할 것입니다. 우리 인간도 자연의 일부라는 겸손한 마음을 품고 모든 피조물이 참여하는 예배를 상상하며 사랑해야 할 것입니다. 결국 기후 위기를 극복할 수 있는 길은 사랑에 있는 듯합니다.

더 알아보기

종교 예식 자료를 찾아볼 수 있는 곳

greenfaith.org

대표적인 국제 기후 변화 대응 단체이다. 대표적인 종교 단체들의 활동과 각 대륙별 나라들의 활동을 볼 수 있다.

interfaithpowerandlight.org

그리스도교 포함, 여러 종교들의 예식을 찾아 볼 수 있다.

theshalomcenter.org

유대교 예식을 찾아 볼 수 있다.

그리스도교만 기후 변화 문제에 관심을 가지고 활동하는 게 아니다. 우리가 잘 아는 타종교들, 즉 불교, 힌두교, 이슬람교 등의 의식 있는 종교인들이 기후 변화 문제에 적극적으로 대응하고 있다. 하물며 온 우주를 창조하신 삼위일체 하나님을 예배하는 그리스도교가 기후 변화 문제에 앞장서는 것은 너무도 당연한 일이다.

실천하기

자신이 속한 공동체의 동료들과 Dear Tomorrow (dear-tomorrow.org) 사이트를 참조하여 우리의 미래를 향해 한마디 남기는 시간을 가져 보자.

7

—

기후 변화와
설교

공포 조장은 문제 해결에 아무런 도움이 되지 않는다

월터 브루그만은 오래전 『예언자적 상상력』(*The Prophetic Imagination*)에서 예언자적 목회에 대해 이렇게 말한 적이 있습니다. "예언자적 목회의 과제는 우리를 둘러싼 지배 문화의 의식과 인식에 맞설 수 있는 대안적 의식과 인식을 끌어내고 키우고 발전시키는 것이다"(『예언자적 상상력』, 52쪽). 얼마 전까지 인류는 홀로세(Holocene)의 지질 시대에 살았습니다. 홀로세를 인터넷 검색해 보면 위키피디아에 다음과 같은 정보가 뜹니다. "홀로세는 약 1만 년 전부터 현재까지의 지질 시대를 말한다. 충적세(沖積世) 또는 현세(現世)라고

도 부른다. 플라이스토세 빙하가 물러나면서부터 시작된 시기로 신생대 제4기의 2번째 시기이다. 마지막 빙기가 끝나는 약 1만 년 전부터 가까운 미래도 포함해 현재까지다. 그 경계는 유럽의 대륙 빙상의 소멸을 가지고 정의되었다. 이 시기가 시작된 이후 인류의 발전과 전파로 인하여 홀로세 절멸이 일어나는 중이다"(위키피디아, 2024년 5월 13일 최종 접속).

홀로세를 살아온 인류는 지난 1만 년간 안정적인 기후 아래서 문명의 번영을 이루었습니다. 홀로세 동안 인류가 눈부신 번영을 이룰 수 있었던 가장 큰 이유는 인간이 살기에 기후가 안정적이고 일정했기 때문입니다. 그리고 이 안정적인 기후는 원래 더 오래 지속할 것이었습니다. 그러나 지난 200여 년 동안 생태 환경이 급작스럽게 바뀌었습니다. 현재 인류가 구축해 놓은 지배 문화는 자연을 마구잡이로 훼손하고 착취하는 방식으로 번영을 이루는 구조입니다. 현재 경험하는 기후 위기는 자연 발생적인 것이 아닙니다. 인류에 의해 발생한 것입니다. 인류의 역사를 추적해 보면 기후 위기는 갑작스럽게 닥친 것입니다.

성경에는 기후 위기에 관한 이야기가 없습니다. 성경 시대의 관심은 기후 위기가 아니라 가난한 자(힘 없는 자)를 위한 정의였습니다. 힘센 자가 약한 자를 함부로 대하던 시절, 모든 사람이 사람답게 살아가려면 어떻게 해야 하는지에 관심이 높았습니다. 그래서 성경은 하나님을 '가난한 자의 편에 서시는 분'으로 자주 묘사합니다. 대표적인 구절을 보면 다음과 같습니다. "여호와께서 이같이 말씀하시되 너희가 공평과 정의를 행하여 탈취당한 자를 압박하는 자의 손에서 건지고 이방인과 고아와 과부를 압제하거나 학대하지 말며 이곳에서 무죄한 피를 흘리지 말라"(예레미야 22:3). 성경의 전략은 하나님이 '가난한 자의 편'임을 선포함으로써 힘센 자가 약한 자를 함부로 대하지 못하게 할 뿐 아니라 힘센 자가 하나님의 마음으로 약한 자를 '자기 자신같이 돌보도록' 이끄는 것이었습니다. 그런 의미에서 그리스도교의 역사는 월터 브루그만이 말한 것처럼 이 세상의 지배 문화에 대한 대안 문화의 역할을 훌륭하게 감당해 왔습니다. 신실한 그리스도인들은 성경 말씀에 따라 하나님이 약자의 편에 서신 것처럼 약자의 편에 서서 세상을 좀 더 평화롭고 정의롭게 하는 데 크게 이바지했습니다.

기후 위기에 직면한 지금의 그리스도인들은 성경의 정신을 살려 다시 한 번 대안 문화의 의식과 인식을 제시해야 하는 때를 맞이했습니다. 예전에 그리스도인들은 가난한 자의 편에 서서 정의를 외치면 되었지만, 이제는 가난한 자와 부자에 상관없이 모든 인류의 편에 서서 정의를 외쳐야만

하는 운명에 처했습니다. 기후 위기는 힘 없는 자에게만 닥친 문제가 아닙니다. 기후 위기는 힘 있는 자에게도 동일하게 닥친 문제입니다. 기후 위기는 정의가 무너지는 것을 넘어 '인간의 조건과 토대'를 무너뜨립니다. 생명에 직접적인 위협을 가하기 때문입니다. 게다가 기후 변화는 기존의 정의 문제를 더 복잡하게 만듭니다. 기후 변화는 현재 우리가 경험하고 있는 모든 사회 문제를 더 나쁜 방향으로 몰고 갑니다. 그러므로 그리스도인들은 이런 사태에 맞서 기후 변화 문제를 더 세심하게 살펴보고 그것이 가져오는 사회 문제에 대해 성경 시대보다 좀 더 포괄적으로 목소리를 높여야 할 것입니다.

『기후 교회』에서 짐 안탈 목사는 그리스도인들이 기후 변화에 대하여 '설교'하도록 부름 받았다고 선언합니다. 교회의 지도자들, 목회자들에게 좀 더 강력히 호소하고자 '설교'라는 용어를 쓰고 있지만, 이것은 교회의 지도자들에게만 해당하는 사항이 아닙니다. 그리스도인들 모두가 귀 기울여야 하는 일입니다. 세계에서 가장 큰 과학자 기관인 '과학발전을 위한 미국연합'(American Association for the Advancement of Science에서 발표한 연구 보고서인 '우리가 알고 있는 것'(What We Know))은 "기후 변화는 지금 일어나고 있다. 기후 변화는 대체로 인간들에 의해 발생했다. 기후 변화는 최근 수십 년 동안 악화했고 점점 더 빠른 속도로 악화할 것이다. 인간은 그것에 대처하기 위해 거의 아무것도 하지 않고 있다"고 보고하고 있습니다(『기후 교회』, 235쪽). 이 연구서가 명시하듯, 안타까운 것은 인간의 삶을 매섭게 위협하고 있는 기후 변화에 대해 인간이 거의 아무것도 하지 않고 있다는 점입니다. 그렇다면 누가 이러한 위협을 힘써 알려야 하겠습니까?

사람들은 기후 변화에 큰 관심이 없습니다. 짐 안탈 목사는 특히 교회 안에서 사람들이 기후 변화에 대해 듣기 싫어하는 이유를 다음과 같이 제시하고 있습니다. "매일을 살아가기만도 이미 충분히 어렵고 힘들다. 교회는 나에게 휴식과 기운을 북돋아 주고 다음 주간을 위해 나를 재충전해 줘야 한다. 기후 변화가 나에게 영향을 줘서는 안 된다. 그건 다른 어떤 사람의 문제다. 그 도전이 너무도 엄청나다. 내가 그걸 어찌할 길이 없으니, 왜 내가 그것에 대해 생각해야 한단 말인가? 나는 영감을 받기 위해 교회에 오는 것이지 우울하게 되려고 오는 게 아니다. 기후 변화는 정치적인 현안이다. 정치는 교회에 속한 것이 아니다"(『기후 교회』, 230쪽). 이렇듯 사람들은 이런저런 이유를 대며 기후 변화 문제에 관해 이야기하는 것을 회피하고 있습니다. 하지만 이렇게 회피하는 사람들조차도 지금 우리가 사는 세상이 무엇인가 잘못되었음을 인정하고 느끼고 있습니다.

　　기후 변화 문제에 대한 설교나 기후 변화에 대한 가벼운 대화(small talk)가 중요한 이유는, 기후 변화에 대한 설교를 (비록 가끔이라도) 들은 사람들이 기후 변화가 현실임을 더욱 더 잘 받아들이기 때문입니다(『기후 교회』, 232쪽). 기후 변화 문제에 관심이 없고 그 이야기를 피한다고 해서 기후 변화가 '나'의 현실에 닥치지 않는 것은 아닙니다. 내가 관심이 있든 없든, 그 이야기를 하고 싶든 그렇지 않든, 그러한 개인적인 감정이나 취향과는 상관없이 기후 변화는 내 삶에 지대한 영향을 끼치게 됩니다. 무엇보다 기후 변화는 그동안 내가 살아온 삶의 방식을 더는 지속하지 못하게 막을 뿐 아니라 우리가 가치 있게 여기는 것을 더는 간직하지 못하게 합니다. 우리가 기후 변화 문제에 대해 공부하고 그 위기에 대해 외쳐야 하는 이유는 '더 많은 사람이 자유롭게 사랑할 수 있는 세상을 만들겠다는 다짐' 외에 아무것도 아닙니다. 우리는 우리의 사랑, 우리가 사랑하는 것을 지켜 내기 위해 기후 변화 문제에 대해 말해야만 합니다.

　　기후 변화 문제에 대해 설교하거나 대화를 나눌 때 조심해야 할 점은 공포심을 조장해서는 안 된다는 것입니다. 공포심을 조장하는 것은 문제를 해결하는 데 아무런 도움이 되지 못합니다. 무엇보다 사람들의 감성에 호소하는 방식으로 접근해야 합니다. 기후 변화로 인한 여러 가지 어려움이 인류에게 발생하고 있지만 우리는 여전히 희망을 품을 수 있습니다. 그래서 짐 안탈 목사는 우리가 모두 용기를 길러야 한다고 말합니다. 그러면서 그는 우리가 기후 변화 문제를 설교하기 위해 또는 기후 변화에 대해 대화를 나누기 위해 두 가지의 훈련이 필요하다고 말합니다. '경이감을 키우는 것'과 '상상력을 기르는 것'입니다. 경이감과 상상력. 이 두 가지는 우리 모두가 미래에 대한 두려움을 몰아내고 희망을 품기 위해 반드시 필요한 능력입니다.

성경을 소중하게 여기는 그리스도인들은 이미 이 두 가지, 곧 경이감과 상상력이 무엇인지를 체득한 사람들입니다. 성경은 경이감과 상상력의 보고입니다. 그리스도인은 하나님의 아름다움과 하나님이 창조하신 피조물의 아름다움에 취해서 사는 사람입니다. "하나님께 영광"이라는 표현은 '하나님의 아름다움에 취하다'라는 뜻입니다. 그래서 우리는 감사와 찬송을 하나님께 돌립니다. 그리스도인은 상상력 가운데 삽니다. 그것을 '소망'(또는 희망)이라는 용어로 표현합니다. 그러므로 그리스도인은 이 위기의 시대에 실력 발휘를 해야 합니다. 하나님과 그분의 피조물에 대한 경이감으로 가득 차서, 그리고 그분이 이루신 구원 안에서 상상력을 펼치며 기후 변화를 일으키는 지배 문화의 의식과 인식에 맞서 아름다운 생명을 보존할 수 있는 대안 문화의 의식과 인식을 제시해야 합니다. 오늘날 교회는 이것을 위해 부름을 받았습니다. 이 일을 행하는 것이 성경의 정신을 잇는 것입니다. 교회는 우리가 생각하는 것보다 훨씬 더 큰 힘을 지니고 있습니다. 교회는 생명의 영이신 성령의 능력 안에서 살아 숨 쉬는 그리스도의 몸이기 때문입니다.

더 알아보기

그리스도교 환경 단체 중 국내에서 가장 활발한 활동하고 있는 단체는 '그리스도교환경교육센터 살림'이다. 이 단체의 웹 사이트(eco-christ.com)에 가면 기후 변화 문제에 대한 전반적인 지식을 습득할 수 있을 뿐만 아니라 '탄소 발자국 측정' 등 일상 생활에서 기후 변화에 대처할 수 있는 실천 방안을 구체적으로 배울 수 있다. 또한 강사를 초청하여 기후 변화 문제에 대한 강의를 들을 수 있고 기후 교회로 탈바꿈하기 위한 컨설팅을 받을 수 있다. 이 단체에서 발간하는 '서로살림 다이어리'에는 '이 달의 살림' 코너가 있어 기후 변화 시대를 맞아 묵상하고 실천하는 데 필요한 구체적인 실천 지침 아이디어를 얻을 수 있다. '서로살림 다이어리'를 구매하여 사용해 보는 것을 강추한다.

실천하기

넷플릭스 기후변화 다큐멘터리 〈브레이킹 바운더리〉
(Breaking Boundaries) 시청하기

이 다큐멘터리는 우리에게 아직 시간이 있다고 힘주어 말한다. 인류는 끝없이 발전하고 있고, 협동은 우리의 초능력이라 할 수 있다. 거대한 변화가 임박했다는 신호도 조금씩 나타나고 있다. 과학은 인류가 무엇을 해야 하는지 분명한 답을 줬다. 가장 우선해서 해야 할 일은 세 가지이다. 온실 가스 배출을 영점화하고, 우리가 배출한 나쁜 공기를 흡수하는 습지와 토양, 숲, 바다를 보호하고, 또한 식습관과 농사 방식을 바꿔야 한다. 이는 우리가 반드시 성공해야만 하는 사명으로, 성공은 우리 모두를 이롭게 할 것이다.

8

—

함께
증언하기

땅이 하나님의 것임을 인정하는 것부터 시작하자

"우리는 토지를 공공의 재산으로 만들어야 한다." 미국의 정치경제학자 헨리 조지(Henry George)가 자신의 저서 『진보와 빈곤』(*Progress and Poverty*)에서 주장한 사상입니다. 이것을 '토지 공개념'이라고 합니다. 19세기 후반 미국과 유럽에서 유행을 이끌었던 정치경제학 용어입니다. 사유 재산 제도가 극에 달한 현재의 자본주의 체제에서는 거의 통용되지 않는 개념이지만, 자본주의가 뿌리를 내리던 시절에 이러한 '토지 공개념'이 사회적으로 인기를 끌었다니 신기합니다.

사실 '토지 공개념'은 구약 성서의 레위기에 좀 더 강력한 형태로 제시되고 있습니다. 레위기 25장 23절에서 하나님은 이렇게 말씀하십니다. "토지를 영구히 팔지 말 것은 토지는 다 내 것임이라. 너희는 거류민이요 동거하는 자로서 나와 함께 있느니라." 이것은 헨리 조지가 제시한 토지 공개념보다 훨씬 더 강력한 공개념입니다. 헨리 조지가 말한 토지 공개념은 정치와 경제의 차원에서 균등한 이익의 분배를 위한 조치이지만, 레위기에서 말하는 토지 공개념은 땅에 대한 개념을 신학화한 것입니다. "땅은 하나님의 것이다." 땅은 피조물의 소유가 아니라 창조주의 소유입니다. 땅과 마찬가지로 피조물인 인간은 땅을 소유할 권리와 능력이 없습니다.

따지고 보면 기후 변화의 위기를 맞닥뜨린 근본적인 이유는 인간이 땅을 마치 자기의 소유물처럼 마음대로 사용했기 때문입니다. 만약 성경에서 하나님이 말씀하시는 것처럼 '땅은 하나님의 것'이라는 선포가 인간의 역사를 이끌었다면 인간은 기후 변화의 위기를 맞닥뜨리지 않았을 것입니다. 그러므로 기후 변화의 문제는 도덕적인 문제를 넘어서 신앙의 문제이기도 합니다. 아니, 기후 문제는 근본적으로 신앙의 문제입니다. 하나님의 땅을 마치 자신의 것인 양 마음대로 착취한 죄의 문제입니다. 좀 더 과격하게 표현하자면, 기후 변화는 인간이 하나님께 반역한 결과입니다.

『기후 교회』에서 짐 안탈 목사는 "공동체 행동이 우리를 두려움에서 해방한다"라고 말합니다. 사유 재산 제도가 극에 달한 현대 자본주의 체제에서 사유 재산 제도에 대해 회개하고 부정하기란 쉽지 않습니다. 더군다나 그러한 일은 결코 혼자서 감당할 수 있는 일이 아닙니다. 그래서 '공동체의 행동'이 중요한 것이죠. 함께 증언할 때 두려움에서 벗어나 담대하게 외칠 수 있습니다. 우리는 자기 시대에 횡행하는 불의한 일들에 대항해 시민 불복종 운동을 이끌며 정의를 세우려고 했던 헨리 데이비드 소로, 마하트마 간디, 도로시 데이, 랍비 헤셸, 마틴 루서 킹 목사 등의 공적인 행동을 예외적이라고 생각합니다. 우리는 그들의 도덕적 용기를 칭송하지만, 대다수 사람들은 그들의 예외적인 행동을 우리의 삶에서 저만큼 멀리 두려고 합니다. 이에 반해, 짐 안탈 목사는 도덕적 행동이 대세를 이루려면 시민 불복종 운동 같은 예외적 행동에 참여하는 사람들이 더 많아져야 한다고 말합니다. 세상으로부터 부르심을 받은 그리스도인들이 앞장서기에 딱 좋은 행동입니다. 그리스도인은 옆에서 박수 치는 자가 아니라 직접 행동하는 자입니다. "행복한 예수 그리스도에게처럼 십자가가 허락된다면 모가지를 드리우고 꽃처럼 피어나는 피를 어두워 가는 하늘 밑에 조용히 흘리"는 자입니다.

'두려움'은 유쾌한 감정은 아니지만 때로는 꽤 쓸모가 있습니다. 짐 안탈 목사는 "우리가 사랑하는 것들이 파괴될 것이라는 두려움은 행동을 위한 강력한 촉매"라고 말합니다(『기후 교회』, 269쪽). 1960-1970년대 미국에서 환경 운동의 촉매가 된 것은 레이첼 카슨(Rachel Carson)이 쓴 『침묵의 봄』(Silent Spring)이라는 책입니다. 이 책에서 레이첼은 우리가 잃게 될 사랑하는 것에 대한 이야기를 전합니다. 이 책을 읽은 사람들은 사랑하는 것을 잃게 될까 두려워하기 시작했고 그것이 곧 환경 운동의 행동으로 이어졌습니다. 현재 우리가 처한 기후 위기는 레이첼이 촉발한 두려움보다 훨씬 더 큰 두려움을 유발합니다. 그러나 아이러니하게도 우리 시대의 사람들은 레이첼 시대의 사람들보다 덜 두려워하는 듯합니다. 그만큼 우리가 그동안 사랑하는 것을 많이 잃어버린 탓도 있고, 요즘 우리는 우리가 무엇을 사랑하는 지조차 분간하지 못하고 살아가는 탓도 있는 것 같습니다. 그만큼 우리가 사는 세상은 환경적으로도 정서적으로도 메마른 세상입니다.

　『기후 교회』에서 짐 안탈 목사가 제시하는 사고의 전환은 기후 변화에 대처해야 하는 우리 시대의 사람들에게 큰 도움을 줍니다. 그는 빌 맥키번이 이룬 환경 운동의 변화를 소개하며, 예전에는 기후 변화가 소비자 편에 끼치는 영향에 초점을 두었다면 이제는 기후 변화의 공급자에게 초점을 두는 방향으로 나아가야 한다고 주장합니다. 이것은 굉장히 중요한 사고의 전환입니다. 소비자 편에서 아무리 환경 보호를 위해 노력해도 기후 변화 공급자가 지구 파괴를 멈추지 않는다면 기후 위기는 절대 멈추지 않을 것이기 때문입니다. 공급자에게 초점을 두는 방향은 우선 개인과 기관에 화석 연료 회사에 대한 투자를 철회할 것을 요구하는 데서부터 시작하도록 독려합니다. 주식을 소유하는 것은 단지 돈을 벌려는 목적만이 아니라 주식을 소유함으로써 그 회사의 활동을 승인한다는 의미를 갖습니다(『기후 교회』, 270쪽). 기후 변화를 유발하는 회사의 주식을 팔아치우거나 사지 않는 행동은 그 회사가 행하는 활동에 동의하지 않는다는 뜻을 표현하는 것입니다.

또한 짐 안탈 목사는 수탁자(fiduciary)의 책임에 대한 사고의 전환이 필요하다고 주장합니다. 수탁자란 다른 이의 재산을 대신 관리해 주는 개인 또는 단체를 일컫는 말입니다. 증권 회사 같은 수탁자는 고객의 투자금을 맡아 고객 대신 주식에 투자해 이익을 극대화해 다시 고객에게 돌려주는 일을 합니다. 그러나 짐 안탈 목사는 우리가 맞닥뜨린 기후 위기를 생각할 때 이러한 일반적인 개념을 벗어던져야 한다고 말합니다. 수탁자들의 도덕은 화폐 이익을 극대화하는 것이 아니라 지구 환경을 헤치는 기업들에 투자하지 않는 것이어야 합니다. 시장 자본주의 체제에서 자연 환경은 '외부 효과'입니다. 이익 창출의 고려 대상이 아닙니다. 예를 들어, 석유 회사는 땅에서 석유를 시추하지만 그 과정에서 훼손하는 자연 환경에 대해서는 어떠한 비용도 지불하지 않습니다.

이러한 시장자본주의 체제에서 발생하고 있는 '외부 효과' 문제는 신앙의 세계에서도 마찬가지로 반복되고 있습니다. 전통적인 그리스도교 신앙의 가장 큰 문제점 중 하나는 외부 효과를 무시한다는 것입니다. 내가 구원받았으면 그만이기 때문에 구원에 있어서 외부적인 것은 전혀 고려하지 않습니다. 큰 집, 비싼 자동차, 명품 백 같은 이 땅에서의 안락한 삶과 물질적 풍요가 구원의 증거라면, 이러한 삶을 위해 희생되는 외부 효과(자연이 망가지는 일)는 완전히 무시될 수밖에 없습니다. 시장자본주의 체제에서 우리가 누리는 부의 혜택은 대개 외부 효과를 무시한 데서 오는 이익입니다.

"오직 성경을 잘못 이해하는 것만이 토지에 대한 인간의 지배와 통제를 정당화한다"(『기후 교회』, 278쪽). 정말 그렇습니다. 성경은 말합니다. "땅은 하나님의 것이다." 그런데 우리는 그토록 성경 공부를 많이 하고 성경을 중요시하면서도 정작 토지(땅)에 대한 우리의 지배와 통제를 당연한 일이라 생각하고, 사적인 토지(private property)를 많이 소유하고 있으면 하나님께 복 받은 것으로 생각합니다. 기후 변화에 대처하는 강력한 첫 걸음은 땅에 대한 새로운 관점을 '성경적으로' 재형성하는 것입니다. 땅은 인간의 것이 아니라 하나님의 것입니다. 그러므로 땅은 누구도 소유할 수 없습니다. 그런 의미에서, 교회의 땅을 공동의 것으로 바꾸는 일을 할 때 교회의 예언자적 목소리는 진정성을 얻게 될 것입니다. 교회 재산의 사유화(교회 세습)는 교회를 무너뜨리는 최악의 길일 뿐만 아니라, "땅은 하나님의 것"이라고 선포하는 성경에 대한 반란이고 죄악입니다. 그리스도의 몸인 교회 공동체로서 우리는 함께 이것을 증언할 수 있어야 합니다. "땅은 하나님의 것이다!"

더 알아보기

희생을 보이지 않게 하는 외부화 사회

독일 뮌헨대학교의 사회학자 슈테판 레세니히(Stephan Lessenich)는 대가를 먼 곳으로 전가하여 보이지 않게 하는 것이 선진국 사회가 풍요를 지키기 위해 수행하는 전략임을 폭로하며, 이것을 '외부화 사회'라 부르며 비판했다. 이매뉴얼 월러스틴(Immanuel Wallerstein)의 견해에 따르면, 자본주의는 '중심부'와 '주변부'로 구성되는데 중심부는 주변부에 비용을 전가하면서 발전한다.『지속 불가능 자본주의』에서 사이토 고헤이가 행한 분석에 따르면, 현재 인류가 기후 변화를 겪는 근본적인 이유는 수탈과 전가를 위한 '외부'가 더 이상 존재하지 않게 되었기 때문이라고 한다. 이런 의미에서 선진국에 사는 사람들은 아무리 선량한 시민이라 할지라도 이미 죄를 짓고 있는 셈이다. 선진국 사람들이 평안을 누리며 사는 이유는 가난한 나라들에 환경 파괴 비용을 모두 전가시켰기 때문이다. 이에 대해 더 자세히 알고 싶은 독자는『지속 불가능 자본주의』를 읽어 보라.

실천하기

"땅은 하나님의 것이다"라고 말하며 희년 사상을 선포하고 있는 레위기 25장 말씀 읽어 보기.

강원도 태백시에 있는 '예수원'을 방문하여 희년 사상에 대해 배워 보기.

희년함께 사이트(landliberty.org)에 방문하여 활동을 둘러보고 희년 사상에 대해 배우고 동참하기.

9

기후 위기와
희망

희망의 전제 조건은 '현실을 직시하는 것'

"내가 이해할 수 없는 삶을 살았다." 미국 원주민 크로우 부족의 위대한 추장 플렌티 쿠즈의 말입니다. 그는 미국 정부의 강압 때문에 더는 부족의 전통적인 방식대로 삶을 살지 못하고 인디언 보호 구역으로 들어가 산 지 30년이 지난 뒤 이처럼 슬픈 말을 남겼습니다. 인간에게 가장 슬픈 삶은 '이해할 수 없는 삶'을 사는 것입니다. 쿠즈의 말은 우리가 왜 기후 변화 문제에 관심을 가져야 하는지 그 이유를 가장 잘 보여 줍니다. 우리는 기후 변화로 인해 우리가 이해할 수 없는 삶을 살게 될 가능성이 큽니다. 이미 팬데믹으로 인해 우리는 그런 경험을 했습니다. 모든 것이 멈춰 버린 순간의 그 당혹감. 이해 못하는 삶을 살 때 인생은 무의미해집니다. 생명력이 없어집니다. 인생이 슬퍼집니다.

기후 변화에 맞서 활발한 활동을 벌이고 있는 짐 안탈 목사는 이런 질문을 많이 받는다고 합니다. "당신은 어떻게 이런 모든 사실을 알고도 여전히 희망을 지닐 수 있습니까?"(『기후 교회』, 287쪽) 사실 누구나 그렇습니다. 자신의 능력을 압도하는 뭔가에 대해 자세히 알고 나면, 희망보다 절망이 앞서는 법입니다. 가령 정치 세계의 추악함을 알고 나면 희망보다 절망이 앞섭니다. 그래서 사람들은 매일 들려오는 정치판의 추잡한 이야기를 들으면서 혀를 쯧쯧 차기만 할 뿐 어떤 희망을 품지 못합니다. 그러고는 그냥 정치에 관해서 관심을 끄는 일이 최선이라고 생각합니다. 기후 변화 문제에도 이런 현상이 나타납니다. 관심을 가져 봤자 내가 해결할 수 있는 일이 아닌 것 같으니 그냥 관심을 끄는 것입니다.

우리도 똑같은 질문을 받았다고 가정해 보죠. "당신은 어떻게 이런 모든 사실을 알고도 여전히 희망을 지닐 수 있습니까?"『기후 교회』에서 짐 안탈 목사가 제시하는 '기후 위기의 세계에서 희망에 찬 삶을 살아가기'를 따라가 보면 우리는 희망을 발견할 수 있습니다. 우선 그는 낙관주의와

기후 교회로 가는 길

희망을 구분합니다. 낙관주의는 우리가 원하는 대로 사태가 호전되기를 기대하는 마음 자세입니다. 그런데 낙관주의의 문제는 그저 그러한 기대만 할 뿐 행동에 나서지 않는다는 것입니다. 낙관주의는 비용이나 위험을 동반하지 않는, 그저 마음의 태도일 뿐입니다. 그렇다면 낙관주의를 넘어 희망으로 나아가기 위해 해야 할 일은 무엇일까요?

희망의 전제 조건은 '현실을 직시하는 것'이라고 짐 안탈 목사는 말합니다. 현실을 직시하는 것을 성경의 용어로 다시 표현하면 '회개'가 아닐까 합니다. 회개는 현실을 직시하는 것입니다. 대개 회개하지 않는 자는 현실을 외면합니다. 현실을 철저하게 외면하니까 회개하지 못하는 것이죠. 기후 변화 문제를 다루는 데 있어 가장 힘든 일 중 하나는 기후 변화의 현실을 직시하지 않으려는 사람들의 태도입니다. 현실을 직시하게 되면 두려움과 우울함이 몰려오게 마련입니다. 사람들은 기후 변화의 현실을 직시할 때 밀려올 두려움과 우울함에 맞설 용기가 없는 것입니다. 바로 이 지점에서 신앙이 필요합니다. 신앙은 두려움과 우울함을 넘어서게 하는 하나님의 선물이자 능력이기 때문입니다.

희망의 전제 조건으로 한 가지가 더 있습니다. 그것은 '슬픔을 표시하기'입니다. "슬픔의 연기와 사랑의 불꽃은 서로 분리될 수 없다. 생명을 사랑하고 어린이를 사랑하고 자연 세계에서의 기쁨을 사랑하는 사람이라면 누구든지 기후 변화의 현실을 인정하는 것이 슬플 것이다"(『기후 교회』, 290쪽). 기후 변화의 현실을 직면했을 때, 우리의 두 눈에 우선 들어오는 것은 '생명의 파괴'입니다. 과학 학술지 「사이언스 어드밴스」(Science Advances)가 최근 발표한 연구 결과에 따르면, 2100년까지 생물 다양성이 25퍼센트 감소할 수 있다고 합니다. 이는 슈퍼 컴퓨터가 시뮬레이션을 통해 얻어 낸 결과입니다. 탄소 배출량이 줄어들지 않으면 머지않은 미래에 우리의 아이들은 잠자리, 코끼리, 코알라 같은 곤충과 동물을 보지 못하게 될 수 있다고 합니다.

이런 슬픈 예상 속에서도 희망을 품기 위해 우리가 해야 할 일은 '슬픔을 표현하기'입니다. 이것은 성경이 우리에게 주는 위대한 지혜입니다. 월터 브루그만은 『현실, 슬픔, 희망: 세 가지 긴급한 예언자적 과제들』(Reality, Greif, Hope)에서 성경의 지혜를 우리에게 전달해 주고 있습니다. 예언서에 흐르는 감정은 '슬픔'입니다. 특별히 예레미야서에는 망국의 슬픔이 짙게 배어 있습니다. 왜 예언자들은 그렇게 슬픔을 표현했을까요? 월터 브루그만은 다음과 같이 말합니다. "말로 표현 못할 슬픔의 상태에서 예언자의 과제는 사라져 버린 세계에 대한 '공공의 슬픔'을 장려하고 허락하고 실천하는 것이다. 장차 다가올 파괴를 예상한 예언자들은 폭력에 대한 대안으로 건강하고 새롭고 대안적인 삶, 즉 슬픔을 공유하고 밖으로 드러내고 정직하게 인정할 것을 권한다. 슬픔은 상실감을 새로운 시대로 나아가기 위한 에너지로 전환한다. 그것은 마치 우리가 잃어버린 것을 끌어안고 편히 쉬도록, 잃어버린 세계에 대한 진혼곡을 드리는 것과 같다."[4]

여기서 우리는 예언자들이 '공공의 슬픔'을 장려했다는 것과 그러한 슬픔의 표현이 '새로운 시대로 나아가기 위한 에너지'가 된다는 것에 주목할 필요가 있습니다. 기후 변화의 현실에 직면한 우리는 그 현실이 가져올 슬픔에 대해 공적으로 슬퍼하도록 장려할 필요가 있습니다. 이것을 '슬픔의 공공성'이라고 말해도 좋을 듯합니다. 누구에게나 공유되는 슬픔은 새로운 시대로 나아가기 위한 에너지를 모으는 가장 큰 요소이기 때문입니다. 슬픔이 공유될 때 우리는 한마음을 가질 수 있게 되고 그 한마음으로 모두가 기후 변화를 위한 행동을 실행할 수 있게 될 것입니다. 이것이 바로 희망의 전제 조건입니다. 희망은 낙관주의와 달리 행동을 동반하기 때문입니다.

---

4   Walter Brueggemann, *Reality, Grief, Hope: Three Urgent Prophetic Tasks*
     (Grand Rapids, MI: Eerdmans, 2014), pp. 82, 83, 88.

희망은 아직 드러나지 않은 이야기와 연결됩니다. 그리스도교 신앙은 아직 그 모습이 완전히 드러나지 않은 존재(하나님)와 연결됩니다. 성경은 이렇게 말합니다. "믿음은 우리가 바라는 것들을 보증해 주고 볼 수 없는 것들을 확증해 줍니다"(히브리서 11:1, 공동번역). 기후 변화의 현실에 직면한 그리스도교 신앙의 희망은 하나님입니다. 지금껏 그랬던 대로 변함없이 말입니다. 기후 변화의 현실을 직시하고 그로 인한 슬픔을 공적으로 표현할 때 우리가 발견하게 되는 희망은 '하나님'입니다. 이 말을 이렇게 오해하지 않았으면 합니다. '하나님이 희망이시니 기후 변화의 현실 속에서 우리가 아무것도 하지 않더라도 하나님께서 이 문제를 해결해 주실 것이다.' 하나님이 우리의 희망이라는 말은 전혀 이런 뜻이 아닙니다. 그것은 하나님을 신뢰하고 하나님의 구원 행위에 동참하겠다는 고백이요 다짐입니다.

우리는 이미 성경을 통해 기후 변화 문제를 이겨 낼 수 있는 좋은 신앙의 유산을 물려받았습니다. 대표적인 유산을 사도행전 2장에서 발견할 수 있습니다. "믿는 사람이 다 함께 있어 모든 물건을 서로 통용하고 또 재산과 소유를 팔아 각 사람의 필요를 따라 나눠 주며"(사도행전 2:44-45). 이런 풍경을 일시적인 현상이나 광기로 보아서는 안 됩니다. 이것은 하나님을 신뢰할 때만 이룰 수 있는 공동체의 삶입니다. "현대의 예레미야"로 불리는 환경 운동가 빌 맥키번은 이런 말을 했습니다. "기후 변화에 대해 개인이 할 수 있는 가장 중요한 것은 개인이기를 멈추는 것이다"(『기후 교회』, 307쪽). 상품을 많이 팔아 최대한 이윤을 남기는 것을 최선의 목적으로 하는 소비 자본주의 사회는 개인주의를 부추깁니다. 우리는 여기에 너무 길들어 있어서 '개인이기를 멈추는 것'이 무엇인지 잘 알지 못할뿐더러 잘 하지도 못합니다. 그러나 우리가 우리의 삶을 책임져 주시는 하나님을 신뢰하고 우리의 생명이 선물이라는 데 감사할 줄 안다면, 우리는 개인이기를 멈추고 좀 더 많은 자비와 관대, 돌봄과 웃음과 기쁨을 누리며 살아갈 수 있을 것입니다.

신앙은 좋은 것입니다. 신앙은 나를 변화시킬 뿐만 아니라 세상을 변화시켜 하나님의 구원(꿈)을 이뤄 가는 것이기 때문입니다. 기후 변화의 현실 앞에서 신앙인으로 살아간다는 것은 참으로 다행스러운 일입니다. 기후 변화가 가져오는 두려움과 우울함을 넘어 희망을 말할 수 있으니까요. 우리 함께 기후 변화의 현실을 외면하지 말고 그 현실을 똑바로 마주합시다. 그리고 기후 변화가 가져오는 생명의 파괴에 대해 공적인 슬픔을 표현하고 공유합시다. 그리하여 희망을 이야기하며 '내가 이해할 수 없는 삶'이 아니라 '충분히 이해되는 삶'을 살아갑시다. 새로운 이야기를 만들어 나가기 위해서 '행동'하는 신앙인이 되면 좋겠습니다. 하나님은 우리와 함께하십니다.

함께 드리는 기도

화로다. 화로다. 화로다.
주님,
이 시대의 한 예언자가 이렇게 외치는 듯합니다.
한 인간이 아니라 자연이 예언자가 되어
우리에게 외칩니다.
폭우, 폭설, 폭염, 폭풍 등
온갖 무시무시한 자연 재해가
'화로다. 화로다. 화로다'
우리에게 외치는 듯합니다.

주님,
성경 시대에 주님께서 들어 쓰신 수많은 예언자들이
'화로다. 화로다. 화로다' 외쳤지만
그 외침에 귀 기울인 사람들이 별로 없었던 것처럼
자연의 예언자가 우리에게 외치는 소리를
귀 기울여 듣는 자가 별로 없는 듯합니다.

주님,
우리를 불쌍히 여겨 주옵소서.
붕괴와 소멸의 시대 앞에서
나약하게 발만 동동 구르고 있는
어린아이와 같은 우리를 불쌍히 여겨 주소서.

주님,
십자가의 구원 능력을
이 기후 위기의 시대에도 나타내 보여 주옵소서.
기후 변화는 바로 우리 인간들이 일으킨 재앙이오니
"땅은 하나님의 것"이라는 말씀을 왜곡하고 무시하여
땅을 우리 소유인 양 마구 훼손하고 착취한 우리가
십자가 앞에 나아와 자복하고 회개하게 해 주소서.

주님,
성령은 생명의 영이신 줄 믿습니다.
우리를 흙으로 창조하시고
그 코에 생기(성령)를 불어넣어
말할 수 없이 존귀한 자로 살게 하신 주님,
성령만이 이 죽어 가는 지구를
다시 살게 하실 수 있음을 믿습니다.

주님,

우리의 잘못을 공개적으로 인정하고

우리가 직면한 멸망 앞에서 공공의 슬픔을 표현하오니,

우리를 불쌍히 여기시고

우리에게 새 희망을 주옵소서.

지구의 구원 없이 인간의 구원은 없음을 마음에 새기고

우리가 망가뜨린 '공공의 집'(지구)을 살리기 위해

모든 인류가 국적, 인종, 종교, 성별, 빈부를 넘어서서

한마음으로 하나 되게 하셔서

주님의 부르심을 따라 기후 변화에 대응하게 하옵소서.

이 일에 우리 그리스도인들이 앞장서게 하옵소서.

바로 내가 앞장서게 하옵소서.

이것이 십자가를 지고 골고다를 오르신 주님을 따르는

이 시대의 제자도임을 믿고 나아가게 하옵소서.

성부, 성자, 성령 하나님께서

우리와 함께하실 줄 믿습니다.

아멘.

인간 중심설의 아이러니

근대(modernity)의 가장 큰 아이러니는, 과학에서는 지동설을 발견했는데 그와 동시에 인간은 '인간 천동설'로 옮겨 갔다는 점이다. 지동설이 제기되기 전, 근대 이전의 인간은 천동설을 믿었지만 그로 인해 인간은 자신을 자연의 일부로 인식하며 신과 자연 앞에 겸손하게 살았다. 신을 무시하거나 자연을 함부로 훼손하는 일 따위는 하지 않았다. 그러나 지동설이 제기되고 그것이 과학적 사실로 밝혀지면서 인간은 오히려 인간을 중심으로 세상이 돌아간다고 보는 '인간 천동설'로 자신의 위치를 옮겨 갔다. 즉, 인간은 인간을 중심에 둔 세상을 구성하게 된 것이다. 그리하여 인간은 신을 무시하게 되었고 자신의 이익에 따라 자연을 함부로 훼손하는 일을 아무렇지 않게 생각하게 되었다.

인간은 세상이 자기 중심으로 돌아간다는 '인간 천동설'을 폐기하고 인간도 피조물의 일부일 뿐임을 인정하는 '인간 지동설'로 나아가야 한다. 그리하여 신을 경외할 줄 아는 겸손과 자연을 소중히 여기는 마음을 회복해야 한다. 근대가 폐기한 지구 중심설을 자신의 것으로 삼은 인간은 인간 중심설을 견지하며 자신의 삶의 터전을 스스로 잃어가는 중이다. 지구 중심설에서 벗어나지 못하는 것이 얼마나 큰 무지인지 그토록 비판하던 인간이 오히려 인간 중심설에서 벗어나지 못하는 것은 이 시대의 가장 큰 아이러니이다.

그런 의미에서 이 책의 백미는 6장 '기후 변화와 예배의 변화'이다. 예배는 그리스도인에게 가장 가까이 와 있는 삼위일체론(그리스도교의 신론)이자 동시에 인간론이다. 우리는 예배를 통해 하나님이 어떤 분인지를 고백하고 동시에 우리 인간이 어떠한 존재인지를 인식한다. 기존의 인간 인식은 너무나 인간 중심적이었다. 그래서 인간은 예배가 인간의 전유물이라고 생각했다. 인간만이 하나님께 예배할 수 있는 특권을 지닌 피조물이라고 생각한 것이다. 기후 변화 문제는 이러한 인간의 자기중심적 인식을 철저하게 바꾸지 않으면 해결할 수 없다. 그동안 인간이 얼마나 '인간 중심설'을 굳게 믿으며 살아왔는지를 철저하게 회개하지 않으면 기후 변화 문제는 해결할 수 없다.

1990년을 전후로 서구권 나라에서는 지구에 대한 인문학적 논의가 나타나기 시작했다. 이러한 논의를 일컬어 '지구 인문학'이라고 한다. 그동안 인문학의 주제는 인간이나 국가(정치)였는데, 인문학의 주제로 지구가 대두한 것이다. 그동안 인문학의 주어는 인간 또는 국가였다. 그런데 지구 인문학에 대한 논의가 일면서, 인문학의 주어가 인간 또는 국가에서 지구까지로 확장된 것이다. "인간에 의한, 인간을 위한, 인간의" 인문학에서, 이제는 지구가 주어로 등장했고 모든 논의에서 지구를 빼면 안 되는 상황에 이르렀다.

그리스도교 신앙을 규정하는 신학도 마찬가지 상황에 이르렀다. 그동안 그리스도교 신학은 "인간에 의한, 인간을 위한, 인간의" 신학이었다. 신학의 주어는 하나님과 인간이었다. 신학은 하나님과 인간의 관계를 규정하고, 더 나은 인간 삶의 조건을 '신적인 삶'(신에게 잇대어 있는 삶)에서 찾고자 했다. 그런데 주어에서 지구를 뺀 신학이 결국 인간의 삶을 위태롭게 만들었다면 무엇인가 잘못된 것이다. 우리에게는 이러한 깨달음이 필요하다. '무엇이 잘못되었을까?' 우리는 인류세를 맞아 보다 깊은 신학적인 질문을 던져야 한다. 나는 이것을 일컬어 '인류세 신학'이라고 이름 붙여 보았다. 인류세 신학은 하나님과 인간만 주어로 삼아 생각을 전개시키는 게 아니라 '지구'(창조세계)도 주어로 삼아 인간의 조건에 대해 생각해야 한다고 강력히 주장한다.

기후 변화를 심각하게 생각하는 과학계, 신학계(종교계), 인문학계의 모든 주체들은 이구동성으로 말한다. 기후 변화는 현재 인류가 경험하고 있는 불평등과 차별과 폭력을 더욱 심화시킬 것이라고. 이러한 상황은 하나님 나라의 자유와 사랑을 지향하는 그리스도인들로서는 용납할 수 없는 것이다. 그러므로 '기후 교회로 가는 길'은 긴급한 길이기도 하면서 세상에 희망을 주는 거룩한 길이기도 하다. 점점 더 혼란에 빠려 들어가는 인류에게 희망의 메시지를 주고 희망의 길을 제시하는 것은 우리에게 구원을 주시는 하나님의 은혜이며 그리스도교 신앙을 가진 이들의 사명이다.

신앙은 좋은 것이다. 신앙을 가진 이들이 세상에 희망을 줄 수 없다면, 신앙의 좋음을 무엇으로 정당화할 수 있겠는가? 그러니 이 좋은 신앙을 가진 그리스도인으로서 우리 함께 '기후 교회'를 이 땅 위에 세워 세상이 희망을 잃지 않도록 보듬어 안자.

기후 변화 문제와
탈성장 공부를 위한 길라잡이

기후 변화 문제를 공부하기 원하는 분들에게 도움을 드리고자 간략히 안내를 드립니다.

기후 변화 문제는 단순히 '기후가 변화하는 것'에 국한되지 않습니다. 더웠던 날씨가 갑자기 추워지고, 추웠던 날씨가 갑자기 더워지고, 또는 비가 안 오던 지역에 비가 내리고, 눈이 내리지 않던 지역에 눈이 내리고 하는 그런 문제가 아닙니다. "눈이 내리지 않던 지역에 눈이 내리면 얼마나 낭만적인가! 눈 구경 할 수 있어서 좋다!" 하는 식으로 기후 변화 문제를 접근해서는 안 됩니다.

기후 변화가 가져올 위기 중 가장 위급한 문제는 식량 폭동입니다. 기후 변화가 돌이킬 수 없는 지점을 통과할 때 인류가 맞닥뜨리게 될 가장 비극적인 일입니다. 극심한 기후 변화와 자연 재해로 인해 오랜 세월 이어 오던 농작물 재배가 어렵게 되고, 해수면 상승으로 인해 해양 생물이 급격히 줄어들게 됩니다. 날씨 변화로 인한 추위와 더위는 그래도 어느 정도 견딜 수 있지만, 식량이 부족해지면 인류는 곧바로 야만의 상태에 빠져 버릴 것입니다.

최근에 미국 UC 데이비스 연구진이 국제 학술지「쿼터너리 리서치」에 연구 결과를 발표했습니다. 이들은 남미 안데스 산맥 중남부 지역에서 470-1540년 사이에 있었던 인간들 간의 폭력 행위를 분석했는데, 두개골 조사를 통해 폭력성의 흔적을 찾을 수 있었습니다. 왜 그 지역에 이토록 폭력이 난무했는지를 분석한 결과, 그 당시 그들이 겪은 기후 변화가 그러한 폭력을 이끌어 냈다는 결론에 도달했습니다. 고산 지대로 갈수록 폭력이 심해졌는데, 기후 변화가 닥치자 식량이 부족해졌고 이를 해결하기 위해 식량을 차지하려는 폭력이 난무했다는 연구 결과입니다. 이것은 끔찍한 진실입니다. 바로 지금 우리가 그와 같은 위기에 처해 있습니다.

기후 변화에 관한 특강을 할 때마다 학생들에게 먼저 물어보는 질문이 있습니다. "왜 탄소 배출을 줄이는 게 중요한지 아세요?" 학생들 대부분이 질문에 답을 못합니다. 가장 기초적이고 쉬운 질문인데 답을 못하는 이유는 기후 변화에 별로 관심이 없기 때문입니다. 조금만 관심을 가지면 알 수 있는 답인데 모르는 것을 보면, 대부분의 사람들이 평소에 얼마나 기후 변화에 관심이 없는지를 알 수 있습니다. 탄소 배출을 줄여야 하는 가장 근본적인 이유는, 한번 배출된 탄소는 지구 대기권에서 사라지지 않기 때문입니다. 탄소는 한번 대기로 배출되고 나면 사라지지 않습니다. 따라서 탄소가 배출될수록 지구의 온실 효과는 강화되고 지구의 기온은 상승합니다. 그래서 탄소는 무조건 배출을 줄여야 하고, 결국 탄소 배출을 제로 수준까지 낮춰야 합니다. 그런데 문제는 현재 인류의 삶의 방식과 문명이 탄소를 배출하지 않을 수 없는 방식으로 돌아간다는 점입니다. 그 이면에는 자본주의가 있고요. 그래서 기후 변화 문제는 자본주의를 되돌아보는 철학적 문제와 직결되어 있습니다.

기후 변화 문제를 공부할 때 좋은 시작점은 과학자들의 시선에서 기후 변화 문제를 둘러보는 것입니다. 마침 좋은 책이 시중에 나와 있습니다. 스웨덴의 환경운동가 그레타 툰베리가 세계 지성들과 함께 쓴 『기후 책』(The Climate Book) 입니다. 거의 전 세계의 모든 기후 과학자들이 참여하여 만든 책으로 그 내용이 방대합니다. 하지만 읽기에 그리 어렵지 않습니다. 모두 짧은 에세이 형식의 글을 모아 놓은 것이라 기후 변화의 요점을 어렵지 않게 파악할 수 있습니다. 일례로 과학 기자인 피터 브래넌이 쓴 "지구에 새겨진 이산화

탄소의 역사"를 읽어 보면, 왜 탄소가 중요한지, 그것이 인류의 생존과 문명에 어떻게 기여하는지를 알 수 있습니다. 이 책 한 권만 읽어도 기후 변화에 대한 거의 모든 과학적 쟁점을 파악할 수 있습니다. 더불어 사회과학적 쟁점들도 상당수 파악할 수 있습니다. 책의 제목처럼 기후 변화 공부를 시작하기에 좋은 교과서입니다.

그리스도인들이 기후 변화 문제를 공부할 때 마음을 열지 않으면 다음과 같은 말을 하기 쉽습니다. "왜 교회에서 기후 변화 공부를 합니까? 기후 변화 문제는 하나님이 알아서 해결해 주시지 않을까요? 우리는 주어진 것 안에서 생육하고 번성하면 되는 것 아닌가요?" 이렇게 말하는 그리스도인은 기후 변화 문제에 대한 책임을 회피할 가능성이 큽니다. 안타까운 일입니다. 목회자들의 잘못이 큽니다. 이것은 평소 교회에서 창조 신학을 가르치지 않고 오직 구원론만 가르친 부작용이라고 할 수 있습니다. 그래서 많은 그리스도인들이 창조와 구원을 연결시키지 못하는 사태가 발생합니다.

그러므로 그리스도인들이 기후 변화 문제를 공부할 때는 창조 신학에 대한 이해를 다시 정립하는 것부터 시작할 필요가 있습니다. 창조·생태 영성을 말하는 책들을 먼저 읽는 것이죠. 생태문명연구소에서 나온 '생태문명 시리즈' 책들을 읽으면 됩니다. 매튜 폭스의 『내 몸과 영혼의 지혜』, 래리 라스무쎈의 『지구를 공경하는 신학』, 울리히 두크로와 프란츠 힌켈라메르트의 『탐욕이냐, 상생이냐』, 샐리 맥페이그의 『불타는 세상 속의 희망 그리스도』 등이 이 시리즈에 들어 있습니다.

생태문명 시리즈 중에서 특히 짐 안탈이 쓴 『기후 교회』 읽기를 권합니다. 짐 안탈은 미국에서 가장 왕성히 기후 변화 문제에 대한 운동을 펼치는 활동가입니다. 목회자이기도 하고요. 이 책을 읽으면 아주 실제적인 운동 방향을 배울 수 있습니다. 그리스도교 단체뿐만 아니라 일반 단체의 활동 영역과 네트워킹을 배울 수 있습니다. 우리가 아는 것보다 훨씬 많은 사람들과 단체들이 기후 변화 문제에 대해 목소리를 내고 있는 것을 눈으로 확인할 수 있습니다. 이미 왕성하게 활동하고 있는 활동가들의 모습을 보면서 오히려 우리는 뭘 하고 있었는지 반성하게 됩니다.

기후 변화 문제를 공부하다 보면, 필연적으로 자본주의의 문제를 접하게 됩니다. 인간성의 파괴와 자연의 파괴 배후에는 자본주의가 똬리를 틀고 있기 때문이죠. 또한 자본주의에 대한 비판은 필연적으로 카를 마르크스의 사상으로 우리를 이끕니다. 한국 사회에서 한때 마르크스의 사상이 '빨갱이 이념'으로 잘못 알려져 곤욕을 치른 적이 있지만, 이제는 한국도 예전의 한국이 아니고 세계 경제 대국 중 한 나라로 자리매김한 이상 다른 선진국들과 발을 맞춰 마르크스의 사상을 바르게 평가해야 하는 시대가 되었다고 생각합니다. 남미의 해방철학자 엔리케 두셀은 이렇게 말합니다. "나는 21세기에 마르크스 사상이 점차 중요해지리라 생각한다.······ 마르크스 사상은 우리의 현실을 읽는 새로운 눈이 될 것이다"(『탈성장』, 115쪽).

마르크스 사상에 대해 그동안 가졌던 잘못된 시선을 거두어 내고 그의 사상의 진가를 습득하도록 도와주는 책들은 여러 가지가 있으나, 『지속 불가능 자본주의』가 가장 최근의 연구 성과를 반영한 대중서로서 적절한 것 같습니다. 사이토 고헤이라고 일본의 신진 학자인데(1987년생), 독일에서 새롭게 출간되고 있는 마르크스 엥겔스 전집인 'MEGA'의 편집위원으로 활동하기도 한 마르크스 전공자입니다. 어렵지 않은 이 책을 찬찬히 들여다보면, 마르크스가 자본주의를 어떻게 비판하고 있는지, 더 나아가 그가 자본주의의 대안으로 어떤 사회를 제시했는지를 배울 수 있습니다. 기후 위기의 시대에 던져 주는 지혜가 큽니다.

기후 변화 문제를 다룰 때 빼놓지 말고 공부해야 하는 내용으로 실제 우리의 현실 사회에서 탄소 배출이 어떠한 방식으로 우리가 인식하지 못하는 사이에 배출되는지를 알아야 합니다. 우리의 일상은 온통 탄소를 배출하는 구조로 되어 있습니다. 하지만 우리는 전혀 인식하지 못합니다. 우리가 그냥 누리는 '행복한 일상'이 얼마나 탄소를 무자비하게 배출하고 있는지, 우리가 잠시 멈춰서 속속들이 살펴보지 않으면 전혀 알 수 없습니다. 탄소 배출의 메커니즘은 감추어져 있기 때문입니다.

우리의 현실에서 탄소 배출이 어떤 경로로 무자비하게 발생하고 있는지를 알려 주는 좋은 책이 있습니다. 세계일보 환경전문 기자가 쓴『탄소로운 식탁』입니다. 탄소 배출의 원리를 잘 모르는 사람도 쏙쏙 머릿속에 들어올 수 있도록 알기 쉽게, 톡톡 튀는 문장으로 잘 정리한 책입니다. 무엇보다 이 책은 책상에서 쓴 책이 아니라 발로 뛰며 쓴 책입니다. 기자답게 현장 답사를 하고 관련자들과 인터뷰를 하면서 아주 현실적인 문제들을 담아낸, 탄소 배출에 관한 수작입니다. 꼭 한 번 읽어 보시기를 권합니다.

기후 변화 문제의 종착지는 '탈성장'(degrowth)입니다. 탈성장을 이루기 위해서는 자본주의에 대한 반성과 더불어 우리의 생각과 생활 방식까지 모든 것을 바꾸어야 합니다. 그래서 탈성장 논의는 매우 철학적이고 매우 신학적일 수밖에 없습니다. 탈성장 논의는 필연적으로 고해성사에서 시작할 수밖에 없습니다. 그동안 인류가 살아온 역사의 궤적을 돌아보며, 인류가 살아온 길이 성장과 진보가 아니라 실은 죽음으로 치닫는 길이었다는 처절한 반성이 필요합니다.

탈성장을 어떻게 이룰 것인가에 대한 합의된 논의는 아직까지 없습니다. 그리고 탈성장으로 가는 길은 매우 험난합니다. 종교적인 메타노이아 수준의 '돌이킴'이 필요하기 때문입니다. 하지만 탈성장은 인류의 생존을 위해 반드시 이루고 도달해야만 하는 고지와 같습니다. 이제 모든 인류가 마음을 열고 서로 협력하면서 탈성장에 대한 논의를 진지하게 해 나가야 할 시점입니다. 현재 각계의 제 분야에서 최고의 의제는 탈성장입니다. 정치도, 경제도, 철학도, 과학도, 그리고 신학도 탈성장의 주제를 말하지 않을 수 없습니다. 물론 각 분야마다 접근 방법은 다르지만, '이대로 가다가는 인류는 멸망하고 말 것'이라는 문제 의식만은 동일합니다. 뜻이 있는 곳에 길이 있다고 믿습니다.

기후 변화 문제와 탈성장 주제에 대해 공부하고 싶으나 어떻게 해야 할지 모르고, 어떤 책부터 읽어야 할지 모르는 분들에게 조금이나마 도움이 되기를 바랍니다. 제가 앞에서 언급한 책들부터 읽기 시작하면 됩니다. 그리고 서점이나 도서관에서 '기후 변화', '탈성장' 같은 키워드를 검색하여 나온 책들을 한 권씩 찾아 읽어 가면 기후 변화 문제와 탈성장에 대한 '개념'(concept)을 갖게 될 것입니다. 어떤 주제에 대해서 개념을 갖는 일은 매우 중요합니다. 개념을 갖고 나면 불안하거나 두려움 없이 방향을 설정하고 그 길을 걸어갈 수 있습니다. 공부하지 않으면 두려움만 쌓이고 절망만 늘어 갑니다. 공부(하는 행동)가 중요한 이유는 막연했던 곳에 길을 놓아 주고 지도를 만들어 주기 때문입니다. 그렇게 길을 찾고 지도를 갖게 되면, 두려움은 사라지고 절망 대신 희망을 마음에 품을 수 있습니다.

우리는 언론 보도나 다큐멘터리를 통해 기후 변화 문제를 많이 접하기는 했어도 무엇을 어떻게 해야 할지 몰라 한숨만 쉬고 있거나 무관심하게 손을 놓고 있는 경우가 대부분입니다. 우리는 기후 변화로 인해 우리의 일상에 닥치는 일들이 너무 거대해 보여 내가 할 수 있는 일이 아무것도 없다는 절망감과 두려움에 빠져들기도 합니다. 어디서부터 어떻게 시작해야 할지 모르지만 희망을 갖고 싶은 분들에게 권면합니다. '공부하는 행동'을 취해 보시길 바랍니다. 앞에서 제가 제시한 대로 책을 한 권씩 읽어 나가다 보면, 뭐라도 할 수 있는 지혜와 뭐라도 하고 싶은 용기가 생겨날 것입니다. 정말입니다. 그것이 기후 변화 앞에서 멸망의 위기를 경험하고 있는 인류의 희망이 될 수 있다고, 저는 믿습니다.

　　　　　　　　　　　　　　기후 교회로 가는 길

감사의 말

기후 교회로 가는 길을 집필하면서 생뚱맞게도 고향 집과 아버지가 떠올랐습니다. 제가 태어난 곳은 강화도이지만 세 살 때부터 서울의 우면산 자락에서 자랐으니, 서초구 우면동이 저의 실질적 고향입니다. 저는 개발 전 강남에 살았기 때문에 어릴 적 우면산과 논밭이 저의 놀이터였습니다. 여름에는 양재천으로 물고기를 잡으러 다니고, 겨울에는 우면산으로 꿩이니 여우니 들짐승 사냥을 다녔습니다. 무슨 할아버지 세대 이야기를 하고 있는 것 같지요? 불과 40여 년 전 서울의 변두리 풍경이 그랬습니다.

추억을 더듬어 보면, 1987년, 그러니까 제가 중학교 2학년 때쯤, 어린 눈에도 뭔가 이상한 변화가 느껴졌던 것 같습니다. 우면산 자락의 개울물이 그때부터 마르기 시작했

거든요. 겨울 동안 내린 눈이 계곡에 쌓이면 대개 3월 말(춘삼월)까지 녹지 않고 그대로 있었습니다. 그런데 1987년 봄은 그렇지 않았습니다. 친구들과 여느 때처럼 올라간 우면산 자락의 계곡에서 쌓인 눈을 찾아볼 수 없었을 뿐더러 개울물이 마르고 있었습니다. 그때는 왜 그러한 현상이 발생했는지 몰랐습니다. 지금 되돌아보니, 그때부터 기후 변화의 조짐이 있었던 것입니다. 그러니까 기후 변화 문제는 하루 아침에 발생한 일이 아니라는 것이죠. 우리 인간이 눈치채지 못할 정도로 서서히 기후가 변화되다가 어느 순간 임계점을 넘어 모든 사람이 체감하는 지경에 이르게 된 것입니다.

그즈음 아버지는 친구 목사님들과 함께 이스라엘 성지순례를 다녀오셨습니다. 그런데 이스라엘과 유럽 여행을 다녀오신 아버지가 정말 신기한 이야기를 해 주셨습니다. 유럽에 갔더니 거기 사람들은 물을 사 먹는다는 것이었습니다. 제가 중학생 때(1980년대 말)만해도 한국에서는 물을 사 먹는 일은 매우 생소했습니다. 물을 사 먹다니, 천지에 깔린 게 물인데. 물론 유럽 사람들이 물을 사 먹는 이유는 물에 석회질이 많아 깨끗한 물을 구하기 어려워서이기도 합니다만, 이미 유럽은 세계의 다른 지역보다 기후 변화의 영향을 먼저 겪었던 것이죠. 그런데 얼마 지나지 않아 한국에서도 물을

기후 교회로 가는 길

사 먹는 게 보편적인 일상이 됐습니다. 유럽처럼 석회질 때문이 아니라 지하수가 마르고 오염되고 개천 물이 더러워져서 더 이상 깨끗한 물을 구할 수 없게 되었기 때문입니다. 환경 파괴로 인해 깨끗한 물을 구하기가 어려워진 탓입니다.

지구 환경 시스템의 파괴는 오래전부터 우리 삶에서 일어나고 있었습니다. 다만 그때는 우리가 그것을 인식하지 못했을 뿐입니다. 그러나 지금은 누구나 뭔가 잘못되었다는 것을 압니다. 그런데 문제는 그때나 지금이나 사람들의 행동은 별로 변하지 않았다는 것입니다. 모를 때 아무 행동을 하지 않는 것은 귀엽게 봐줄 수 있으나, 알면서도 아무 행동을 취하지 않는 것은 죄입니다. 그만큼 우리 시대는 악합니다.

이런 이야기를 하는 이유는 독자 여러분에게 죄책감을 심어 주려는 의도가 아닙니다. 고개를 끄덕이면서 자신을 돌아보고 함께 생각과 행동을 조금만 바꾸어 보자고 호소하기 위함입니다. 가톨릭교회의 프란치스코 교황이 쓴 『찬미받으소서』에 보면 지구를 "공동의 집"(common home)으로 지칭합니다. 참 좋은 말입니다. 정말 그렇습니다. 우리가 사는 지구는 공동의 집입니다. 집이 망가져서 더 이상 집에 살 수 없게 되는 것만큼 슬픈 일은 없습니다. 그런데 우리는 이미 우리가 사는 집을 많이 망가뜨렸습니다. 조금만 정신을 차리고 생각해 본다면 우리가 얼마나 어처구니없는 일을 하고 있는지 금방 알아차릴 수 있습니다.

이 책이 나오기까지 많은 분들이 함께해 주셨습니다. 우선 이 책을 흔쾌히 출판해 주신 '바람이 불어오는 곳' 박명준 대표께 감사드립니다. 저랑은 『슬픔의 노래』 출간으로 인연을 맺게 되었는데, 지금은 한 번 통화하면 한 시간씩 통화하는 좋은 친구 같은 사이가 되었습니다. 이 책을 바람이 불어오는 곳에서 출간하게 되어 한없이 기쁘고 영광으로 생각합니다. 다음으로, 국민일보의 손동준 기자께 감사드리고 싶네요. 손 기자와 카톡으로 대화하면서 정치적 격변과 전쟁 때문에 요즘 기후 변화 문제가 대중 사이에서 시들해진 것에 대해 걱정을 나눈 적이 있습니다. 그래서 의기투합하여 '기후 교회로 가는 길'을 국민일보 기획 기사로 싣게 되었습니다. 손 기자님의 안목과 배려 덕분에 이 글의 초고를 완성하여 책으로까지 출간할 수 있었습니다.

이 책은 우리 세화교회 식구들의 참여와 응원이 없었다면 쓰여지지 못했을 겁니다. 팬데믹의 끝자락에 우리는 6개월에 걸쳐 수요일 밤마다 화상 회의로 모여 발제하고 토론하고, 그러면서 기후 변화 문제를 두루두루 살펴봤습니다. 모두 직장 생활 하느라 바쁘고 피곤한 중에도 열심히 참여해 준 세화교회 기후 변화 프로젝트 팀과, 담임목사의 기후 변화 문제에 대한 토로를 좋은 마음으로 경청해 준 모든 교우들에게 이 자리를 빌려 감사의 인사를 드리고 싶습니다. 이제는 담임목사 없이도 기후 변화 프로젝트 팀이 자발적으로 공부하고, 공부한 것을 실제 생활과 교회 운영에 적용하려고 노력하고 있습니다. 우리의 목표는 기후 변화 프로젝트 운동이 지역 교회 사이에 널리 퍼지는 것입니다. 열심히 공부하고 기도하고 준비하고 있다 보면 그동안 우리가 쌓은 기후 교회에 대한 지혜를 동료 그리스도인들과 교회들에 나눌 기회를 주님께서 열어 주시리라 믿습니다.

　이 책을 펴서 읽는 모든 분의 삶이 더 의미 있고 따뜻해지기를 기도합니다.

2024년 5월의 푸르른 날

세화교회 목양실에서

장준식

기후 교회로 가는 길

우리에게 맡기신 하늘과 땅과 바다

초판 1쇄 인쇄 2024년 6월 11일
초판 1쇄 발행 2024년 6월 17일

지은이   장준식
펴낸이   박명준

편집   박명준   펴낸곳 바람이 불어오는 곳
제작   공간   출판등록 2013년 4월 1일 제2013-000024호
                     주소 03041 서울 종로구 자하문로 5, 5층
                     전자우편 bombaram.book@gmail.com
                     문의전화 010-6353-9330   팩스 050-4323-9330
                     홈페이지 bombarambook.com

바람이불어오는곳 은
삶의 여정을 담은 즐거운 책을 만듭니다.

 bombaram.book